D1729621

Maria Weber

Employer Branding: Erfolgsfaktoren im Bereich der Social Media

Diplomica® Verlag GmbH

Weber, Maria: Employer Branding: Erfolgsfaktoren im Bereich der Social Media.
Hamburg, Diplomica Verlag GmbH 2012

ISBN: 978-3-8428-8327-7
Druck: Diplomica® Verlag GmbH, Hamburg, 2012

Bibliografische Information der Deutschen Nationalbibliothek:
Die Deutsche Nationalbibliothek verzeichnet diese Publikation in der Deutschen
Nationalbibliografie; detaillierte bibliografische Daten sind im Internet über
http://dnb.d-nb.de abrufbar.

Die digitale Ausgabe (eBook-Ausgabe) dieses Titels trägt die ISBN 978-3-8428-3327-2
und kann über den Handel oder den Verlag bezogen werden.

Inhaltsverzeichnis

Abbildungsverzeichnis

Abkürzungsverzeichnis

B2B	Business to Business
B2C	Business to Consumer
EBP	Employer Brand Promise
EVP	Employer Value Proposition
HRM	Human Ressource Management
IT	Informationstechnologie
KZS	Kurzzeitspeicher
LZS	Langzeitspeicher
OD	Organisationsdiagnose
OE	Organisationsentwicklung
SM	Social Media
UKS	Ultrakurzzeitspeicher

1 Einleitung

1.1 Ausgangssituation und Problemstellung

Zahlreiche Unternehmen sehen sich heutzutage mit dem so genannten „War for Talents" konfroniert. Dieser Ausdruck wurde 1997 von Michels et al. geprägt. Bereits vor fast 15 Jahren wurden die Mitarbeiter eines Unternehmens als entscheidender Erfolgsfaktor erkannt und prognostiziert, dass qualifizierte Mitarbeiter zur knappen Ressource werden und die Bindung an das Unternehmen immer schwieriger wird (vgl. Michels et al. 2001, S. 3ff). Zahlreiche Faktoren haben diese Entwicklung über die Jahre begünstigt. Dazu gehören veränderte gesellschaftliche und wirtschaftliche Rahmenbedingungen, der Geburtenrückgang, die Entwicklung zur Wissensgesellschaft sowie der Wertewandel und der so genannte Fachkräftemangel (vgl. Forster/Erz/Jenewein 2009, S. 279). Obwohl es sich aktuell nur um einen partiellen Fachkräfteengpass handelt, der sich auf einige Berufsgruppen, Regionen und bestimmte Altersgruppen in Deutschland bezieht, ist es eine ernst zu nehmende Entwicklung. IT-Spezialisten, Ingenieure, Metall- und Elektroberufe bedienen nicht die Nachfrage am deutschen Arbeitsmarkt (vgl. Demmer 2011, S. 25). Durch den demographischen Wandel wächst auch der Bedarf an Fachkräften und Ärzten im Gesundheits- und Pflegedienstsektor überproportional (vgl. Burkhart/Friedl 2011, S. 14).

Unternehmen sind aufgrund des veränderten Mediennutzungsverhaltens und dem Mangel an Fachkräften gefordert, die klassischen Wege in der Rekrutierung und Bindung von Arbeitskräften zu ergänzen. Die ARD/ZDF-Onlinestudie 2011 belegt, dass bereits 73,3 % der Personen ab 14 Jahren in Deutschland das Internet nutzen und die Anzahl jährlich weiter steigt (vgl. ARD/ZDF-Onlinestudie 2011a). Davon sind 45 % der Nutzer gelegentlich bis häufig im Netz, um sich über Ausbildung und Beruf zu informieren (vgl. ARD/ZDF-Onlinestudie 2011b). Seit 2000 hat sich die Internetnutzung fast verdreifacht (vgl. ARD/ZDF-Onlinestudie 2011c). Das veränderte Mediennutzungsverhalten spiegelt die veränderten Bedürfnisse der Gesellschaft im privaten Bereich und den rasant fortschreitenden technologischen Fortschritt wider. Auch Unternehmen haben die Notwendigkeit erkannt, sich ihren Zielgruppen anzupassen und innovative Kommunikationskanäle zu nutzen, um langfristig wettbewerbsfähig zu bleiben. Der Internetnutzer ist nicht mehr nur ein passiver Konsument von Inhalten, sondern es vollzieht sich ein gleichberechtigter Austausch von Informationen mit zahlreichen Interaktionsmöglichkeiten.

Viele Unternehmen sind im Internet mit einer Homepage oder einer Karriereseite vertreten. Auch im Bereich der Social Media wagen sich einige Unternehmen auf ein Terrain, welches sowohl Chancen als auch Risiken birgt. Facebook, Xing, Unternehmensblogs und Youtube sind nur einige der favorisierten Kanäle, um mit potenziellen Bewerbern direkt in Kontakt zu treten oder sich als „Employer of Choice", also als Wunscharbeitgeber, zu positionieren. Durch die Onlinepräsenz der Unternehmen insbesondere in den verschiedenen Social Media bieten sich viele Kontaktpunkte, die zum einem die Bekanntheit des Unternehmens, zum anderen dessen Attraktivität als Arbeitgeber steigern können. Das Human Resources Manager Magazin hat im Mai 2011 eine Umfrage an 1970 Personalmanagern aus Unternehmen, Verbänden und Organisationen zum Thema „Fachkräftemangel und Fachkräftemanagement" durchgeführt. 95 % der Befragten stimmten folgender These zu: „Der Wettbewerb um Talente wird härter. Unternehmen müssen in Zukunft noch mehr in Personalmarketing und Employer Branding investieren" (Quadriga Hochschule Berlin GmbH, Online: 12.11.2011). Dieses Stimmungsbild der HR-Verantwortlichen lässt unschwer erkennen, dass die Notwendigkeit erkannt wurde, starke Arbeitgebermarken auf- und auszubauen und in die Attraktivität der Employer Brand zu investieren.

Während Social Media im Jahr 2010 gerade für den Einsatz im Recruiting als Hype abgetan wurden, gewinnen sie im Jahr 2011 enorm an Bedeutung. Die „Global Social Media Checkup"-Studie 2011 belegt, dass 84 % der weltweiten Top 100 Unternehmen mindestens eine Social Media Plattform einsetzen (vgl. Kärcher 2011, S. 1). Die Nutzung der Social Media im Personalmarketing und Employer Branding stieß und stößt zunächst oft auf Skepsis seitens der Unternehmen. Zum einen ist das so, weil ihnen der Aufwand zu groß erscheint und die Angst vor dem Kontrollverlust die Zurückhaltung schürt, zum anderen weil überzeugende Konzepte fehlen. Darüber hinaus zeigen sich der organisatorische Aufwand, mangelndes Knowhow und die Frage nach dem Budget als zusätzliche Hürde beim Einsatz von Social Media (vgl. Fink/Zerfraß/Linke 2011, S. 22).

Eines der berühmtesten Zitate des Kommunikationswissenschaftlers Paul Watzlawick lautet: „Man kann nicht nicht kommunizieren". Entscheidet sich ein Unternehmen gegen den Social Media Einsatz, um in direkten Kontakt mit der Zielgruppe zu treten, überlässt es die Meinungsbildung Dritten.

1.2 Zielsetzung und Forschungsfrage der Arbeit

Die Zielsetzung der Untersuchung besteht darin, anhand der bestehenden Literatur den Themenbereich des Employer Brandings in das Anwendungsfeld der Social Media zu übertragen. Aus den Grundlagen zum Employer Branding werden Erfolgsfaktoren abgeleitet, deren Beachtung den Aufbau und die Führung einer Employer Brand unterstützen. Eine vergleichende Unternehmensanalyse soll hierbei die ermittelten Erfolgsfaktoren veranschaulichen und anhand festgelegter Kriterien den Einsatz der Erfolgsfaktoren im Social Media Einsatz der Unternehmen analysieren.

Das Feld der Social Media wird auf eine Auswahl an Plattformen eingeschränkt betrachtet, die untereinander sehr komplex sind und für die es abzuwägen gilt, welchen Zweck man mit der Bedienung des Mediums explizit erfüllen will. Der Fokus dieser Studie beruht vorwiegend auf dem externen Employer Branding mit dem Ziel, durch den Social Media Einsatz dazu beizutragen sich als "Employer of Choice" zu positionieren, die Attraktivität als Arbeitgeber zu stärken und Fachkräfte zu rekrutieren, die auch zum Unternehmen passen. Folgende Frage steht im Fokus der Untersuchung:

Welche Erfolgsfaktoren kann man für ein gelungenes Employer Branding identifizieren, die auch im Bereich der Social Media berücksichtigt werden können?

Dazu können untergeordnet Fragen formuliert werden, deren Beantwortung einen Hinweis auf die Lösung der Forschungsfrage eröffnen:

Kann man anhand von in der Unternehmenspraxis ausgewählten Beispielen die Anwendung der ermittelten Erfolgsfaktoren nachweisen?

Welche zusätzlichen Erkenntnisse oder „Best-Practice" Beispiele lassen sich ermitteln?

Welche Verbesserungspotenziale gilt es noch auszuschöpfen?

1.3 Aufbau der Arbeit

Die Arbeit ist in sechs Kapitel untergliedert. Das zweite Kapitel beinhaltet die Grundlagen des Employer Brandings. Zunächst werden die Entstehung der Employer Brand und ihre Funktionen hergeleitet. Anschließend wird das Employer Branding definiert, eingeordnet und abgegrenzt. Neben den Wirkungsbereichen des Employer Brandings werden auch Grundlagen der Konsumentenforschung zur Gestaltung der Kommunikation im Rahmen der Präferenzbildung herangezogen. Darüber hinaus wird der Employer Branding Prozess auf Basis der identitätsorientierten Markenführung vorgestellt sowie das Employer Branding im Unternehmenskontext betrachtet. Abschließend werden aus den Grundlagen Erfolgsfaktoren des Employer Brandings abgeleitet und zusammengefasst.

In Kapitel drei werden die Grundlagen der Social Media betrachtet. Zunächst wird auf die Entwicklung und Abgrenzung des Begriffs eingegangen. Anschließend werden ausgewählte Social Media Plattformen beschrieben. Darüber hinaus werden ausgewählte Social Media Plattformen detaillierter betrachtet. Dazu gehören Facebook, Xing, Twitter und YouTube.

Im vierten Kapitel werden die Erfolgsfaktoren des Employer Brandings in das Setting der Social Media übertragen. Anschließend wird der Aufbau und die Vorgehensweise der Unternehmensanalyse vorgestellt. Anhand festgelegter, beobachtbarer Kriterien wird der Social

Media Einsatz der Beispielunternehmen analysiert und festgestellt, ob die Berücksichtigung der Erfolgsfaktoren des Employer Brandings zu vermuten sind.

Das fünfte Kapitel rundet die Arbeit ab, indem die Erkenntnisse zusammengefasst sowie die Erkenntnisse aus den Fallbeispielen verglichen werden. Des Weiteren wird ein Ausblick in weitere praxisrelevante Forschungsbereiche der Social Media aufgezeigt.

2 Grundlagen des Employer Branding

Dieses Kapitel stellt die wichtigsten Grundlagen des Employer Branding dar, die im Wirkungsbereich der Social Media relevant sind. Zunächst werden die Employer Brand und ihre Funktionen vorgestellt, um anschließend das Employer Branding einordnen und abgrenzen zu können. Daraufhin werden die Wirkungsbereiche des Employer Branding sowie der Employer Branding Prozess auf Basis der Identitätsorientierten Markenführung aufgezeigt, wodurch eine vertiefte Auseinandersetzung ermöglicht wird. Innerhalb des Employer Branding Prozesses wird die Phase der Umsetzung mit Erkenntnissen zur Gestaltung der Kommunikation auf der Grundlage von Ansätzen aus dem Konsumentenverhalten besonders Rechnung getragen. Abgerundet wird das zweite Kapitel durch die Ableitung der Erfolgsfaktoren des Employer Brandings.

2.1 Die Employer Brand

Folgend wird die Definition der Employer Brand auf die Begründer des Begriffs zurückgeführt und das Ziel der Employer Brand verdeutlicht. Im nächsten Schritt werden ihre Funktionen aus der Markenlehre der Absatzwirtschaft abgeleitet.

2.1.1 Herleitung des Begriffs

„Employer Brand" heißt übersetzt aus dem Englischen „Arbeitgebermarke". Bevor das Employer Branding definiert wird, soll ein Verständnis für die Marke als solche geschaffen werden. „Eine Marke ist ein charakteristischer Name und/ oder Symbol (…), die dazu dienen, die Erzeugnisse oder Dienstleistungen eines Anbieters oder einer Gruppe von Anbietern wiederzuerkennen und sie von denen der Konkurrenz zu unterscheiden" (Aaker, 1992, S. 22). Demzufolge dient auch eine Arbeitgebermarke dem Zweck sich von anderen Arbeitgebern zu differenzieren und von den Anspruchsgruppen erkannt und wahrgenommen zu werden.

Der Begriff „Employer Brand", 1996 erstmals geprägt von Ambler und Barrow im Journal of Brand Management, wurde wie folgt beschrieben: „We define the Employer Brand as the package of functional, economic and psychological benefits provided by employment and identified with the employing company. The main role of the employer brand is to provide a coherent framework for management to simplify and focus priorities, increase productivity and improve recruitment, retention and commitment" (Barrow/Moseley, 2005, S. xvi, zit. nach Ambler/Barrow 1996). Der Fokus dieser Diskussion liegt demnach auf der Verbesserung der Rekrutierung von neuen Mitarbeitern, der Bindung bestehender Mitarbeiter an das Unternehmen, sowie der Steigerung ihrer Leistungsbereitschaft durch eine starke Employer Brand.

2.1.2 Funktionen der Employer Brand

Die Funktionen der Arbeitgebermarke können sowohl aus Sicht des Arbeitgebers als auch aus der Sicht der Arbeitnehmer und potenziellen Bewerber betrachtet werden. Die Funktionen die bei einer Produktmarke zum Tragen kommen, werden hier, sofern möglich, auf die Employer Brand übertragen. Übereinstimmung dieser Herangehensweise findet sich auch bei Petkovic 2008, Andratschke et al. 2009 und Wiese 2005.

Aus Sicht des Arbeitgebers ist die **Präferenzbildung** bei der jeweiligen Zielgruppe eine der primären Funktionen einer Marke (vgl. Esch 2007, S. 9), die man auch auf die Arbeitgebermarke übertragen kann. „(...) Präferenzen (...) gelten als das Ergebnis eines wohlabgewogenen Entscheidungs- und Bewertungsprozesses unter hinreichender Information, das zumindest über einen gewissen Zeitraum Bestand hat." (Piekenbrock, D. 2010). Am externen Arbeitsmarkt soll eine Positionierung als 'Employer of Choice' erfolgen und damit die erste Wahl als Wunscharbeitgeber für potentielle Bewerber erreicht werden (vgl. Zaugg, R. 2002, S. 14). Auch für Petkovic ist der Status eines „First-Choice-Arbeitgebers" das finale Ziel des Arbeitgeberbranding um beispielsweise eine adäquate Stellenbesetzung im Unternehmen zu gewährleisten (vgl. Petkovic 2008, S. 61).

Im klassischen Marketing gilt die Bindungsbemühung der Marierung den Kunden. Die Employer Brand erfüllt auch eine **Bindungsfunktion** für bestehende Mitarbeiter des Unternehmens und fördert dadurch auch eine erhöhte Loyalität gegenüber dem Arbeitgeber. In diesem Fall wird die Präferenz nicht als Neuwahl interpretiert, sondern als Bestätigung für den Mitarbeiter, dass er sich für den richtigen Arbeitgeber entschieden hat (vgl. Petkovic 2008, S. 61 & Weis/Huber 2000, S. 37ff).

Für den Arbeitgeber erfüllt die Employer Brand auch die grundsätzliche Markenfunktion **Kosten zu sparen** (vgl. Wiese 2005, S. 28). Denn je zufriedener die Mitarbeiter sind, umso besser können sie an das Unternehmen gebunden werden, wodurch sowohl die Kosten der Personalbeschaffung sinken, als auch die Kosten die in Zusammenhang mit der Mitarbeiterfluktuation und dem Krankenstand stehen (vgl. Barrow /Mosley 2006, S.114 & Petkovic 2008, S. 61). Man kann hier eine Erkenntnis aus der Absatzwirtschaft zur Kundenorientierung übertragen und schließen, dass es in vielen Fällen günstiger ist einen bestehenden Mitarbeiter zu halten als einen neuen Mitarbeiter zu gewinnen (vgl. Meffert/Burmann/Kirchgeorg 2008, S.16).

6

Eine weitere Funktion der Employer Brand kann wie im allgemeinen Markenmanagement in der **Differenzierung** vom Wettbewerb gesehen werden (vgl. Esch 2007, S. 24). In vielen Großunternehmen ähneln sich die Leistungen die potenziellen und bestehenden Mitarbeitern angeboten werden sehr stark, insbesondere hinsichtlich Entwicklungs- und Weiterbildungsangeboten, Arbeitszeiten und Work-Life-Balance Angeboten. Indem es gelingt sich als Arbeitgeber im Vergleich zum Wettbewerb abzusetzen, kann eine starke Employer Brand aufgebaut werden (vgl. Petkovic 2008, S. 62f).

Der Differenzierung von anderen Arbeitgebern dient insbesondere die **Emotionalisierung**. Diese wirkt über die als austauschbar wahrgenommenen Leistungen eines Arbeitgebers hinweg (vgl. Meffert/Burmann/Kirchgeorg 2008, S.112 & Koppelmann 2001, S. 498). Die Arbeitgebermarke wird emotional aufgeladen wodurch die Sympathie und Zufriedenheit bei aktuellen und potenziellen Mitarbeitern steigt (vgl. Petkovic 2008, S. 63). Auch Biel weist auf eine erhöhte Loyalität der Verbraucher hin, wenn neben funktionalen Bedürfnissen auch emotionale befriedigt werden (vgl. Biel 2000, S. 68).

Auch für die bestehenden Mitarbeiter und potenziellen Bewerber bietet die Employer Brand einen Mehrwert, der ebenfalls von den allgemeinen Markenfunktionen abgeleitet werden kann. Diese Funktionen werden jedoch von der Zielgruppe weniger oder gar nicht bewusst wahrgenommen. Bei der Suche nach einem Arbeitgeber verschafft die Employer Brand **Orientierung** und vereinfacht das Entscheidungsverhalten. Aus einer Fülle an Informationen am Arbeitsmarkt hat der „Employer of Choice" für potenzielle Bewerber einen erhöhten Wiedererkennungswert, da die Arbeitgebermarke für ein Bündel an emotionalen und funktionalen Attributen steht. Die potenziellen Bewerber müssen nicht alle Informationen einzeln analysieren, wodurch der Such- und Auswahlprozess effizienter ist (vgl. Biel 2000, S. 69 & Koppelmann 2001, S. 498).

Die Employer Brand erfüllt des Weiteren auch eine **Vertrauensfunktion**: Starke Marken stehen für eine Qualitätsgarantie. Das gilt auch für Arbeitgebermarken, da man beispielsweise als potenzieller Bewerber bei diesem Arbeitgeber davon ausgehen kann, dass er hält was er verspricht und das Risiko enttäuscht zu werden geringer ausfällt (vgl. Biel 2000, S. 69 & Esch 2007, S. 23f). Die Wahl eines Arbeitgebers ist ein entscheidender Schritt, weil man in der Regel die meiste Zeit seines Lebens in der Arbeit verbringt und sich erst nach einer Weile herausstellt, ob sich das Unternehmen als Arbeitgeber bewährt hat.

Die **Identifikation** bestehender und potenzieller Mitarbeiter mit dem Unternehmen, vollzieht sich unter anderem auch über eine starke Arbeitgebermarke. Eine anerkannte Arbeitgebermarke kann auch eine image- oder prestigebildende Wirkung ausüben - wie beispielsweise Produktmarken (vgl. Sandler 1989, S. 328). Das Arbeiten bei einem Top-Arbeitgeber kann auch in der Bezugsgruppe der Arbeitnehmer positiv bewertet werden. Darüber hinaus ermöglicht die Employer Brand auch den ideellen Nutzen der **Selbstdarstellung**, indem die Arbeitnehmer die Möglichkeit haben sich zu differenzieren und damit eigene Wertvorstellungen zu betonen (vgl. Biel 2000, S. 69 & Esch 2007, S. 23). Die Funktionen der Employer Brand werden vom Management aktiv eingesetzt und durch das so genannte Employer Branding der Zielgruppe vermittelt.

2.2 Employer Branding

Folgend wird das Employer Branding umfassend behandelt. Nach der Begriffsdefinition und der Zielsetzung des Employer Brandings wird es von verwandten Begriffen abgegrenzt und in den Unternehmenskontext eingeordnet. Anschließend werden die Wirkungs- bzw. Handlungsfelder des Employer Brandings verdeutlicht, wodurch auch der Zusammenhang zu den Markenfunktionen der Employer Brand hervorgehoben wird.

2.2.1 Begriffsdefinition und Zielsetzung

Unter „Branding" können alle Maßnahmen verstanden werden die dazu beitragen ein Angebot so zu gestalten, dass es sich von gleichartigen Angeboten abhebt und einer bestimmten Marke eindeutig zugeordnet werden kann (vgl. Esch/Langner 2005, S. 477). Das Employer Branding konnte erst ab 2006 durch die Deutsche Employer Branding Akademie maßgeblich im deutschsprachigen Raum etabliert werden, als „ (…) die identitätsbasierte, intern wie extern wirksame Entwicklung und Positionierung eines Unternehmens als glaubwürdiger und attraktiver Arbeitgeber. Kern des Employer Brandings ist immer eine die Unternehmensmarke spezifizierende oder adaptierende Arbeitgebermarkenstrategie. Entwicklung, Umsetzung und Messung dieser Strategie zielen unmittelbar auf die nachhaltige Optimierung von Mitarbeitergewinnung, Mitarbeiterbindung, Leistungsbereitschaft und Unternehmenskultur sowie die Verbesserung des Unternehmensimages. Mittelbar steigert Employer Branding außerdem Geschäftsergebnis sowie Markenwert" (DEBA 2008).

Trost betrachtet Employer Branding ebenfalls als ein Konzept welches auf die Positionierung und Kommunikation eines Unternehmens als attraktiven Arbeitgeber abzielt. Ein Unternehmen entwickelt sich zu einem attraktiven Arbeitgeber durch die Art und Weise der Mitarbeiterführung, der Führungskultur und der äußeren Rahmenbedingungen. Dabei werden Ansätze der Markenbildung und des strategischen Managements eingesetzt, um neue Mitarbeiter zu gewinnen (vgl. Trost 2009, S. 13). Schuhmacher und Geschwill betonen ebenfalls den strategischen Charakter des Employer Brandings und dessen Verwurzelung in Konzepten des Marketings und der Markenbildung (vgl. Schuhmacher/Geschwill 2009, S. 39).

8

2.2.2 Einordnung & Abgrenzung

In der Literatur herrscht Uneinigkeit in der Einordnung und Abgrenzung des Employer Brandings. In manchen Fachkreisen wird Employer Branding als Modewort betrachtet, welches keinen signifikanten Unterschied zum Personalmarketing aufweist.[1] Andere wiederum sehen das Employer Branding als Konzept des strategischen Personalmarketings oder als Teilaspekt des Corporate Branding.

- Abgrenzung zum Personalmarketing

Seit den 70er Jahren existiert der Begriff „Personalmarketing" als Funktion der Personalwirtschaft in Wissenschaft und Praxis (vgl. Drumm 2008, S. 293). Becker unterscheidet drei Auffassungsebenen des Personalmarketings die zeigen, wie unterschiedlich Personalmarketing in der Praxis und Wissenschaft betrachtet werden kann. Im engeren Sinn ist Personalmarketing ein operatives Instrument um Arbeitskräfte auf dem externen Arbeitsmarkt zu gewinnen. Im erweiterten Sinn wird es als operatives Instrument betrachtet welches zur Bindung, Motivation und Entwicklung von vorhandenen Mitarbeitern im Unternehmen abzielt sowie auf die Gewinnung von adäquaten Mitarbeitern auf dem externen Arbeitsmarkt. Die dritte Auffassungsebene stellt das Personalmarketing im weitesten Sinne als Denk- und Handlungskonzept dar, welches den Marketinggedanken in der Personalarbeit konsequent umzusetzen hat. Das Unternehmen und vakante Arbeitsplätze sollen somit an vorhandene und zukünftige Mitarbeiter verkauft werden (vgl. Becker 2010, S. 90).

Vergleicht man vordergründig die Ziele und Handlungsfelder des Personalmarketings und die des Employer Brandings (siehe 2.2.3), könnte man keinen wesentlichen Unterschied wahrnehmen. Zaugg bewertet Employer Branding als Modebegriff, da das Personalmarketing bereits die Aufgabe inne hat das Unternehmen als „wünschenswerten Arbeitgeber mit klarem Profil" auf dem Arbeitsmarkt zu positionieren. Die weitgehende Überschneidung der beiden Begriffe liegt seiner Überzeugung zugrunde, dass Employer Branding praktisch alter Wein in neuen Schläuchen ist (vgl. Zaugg 2002, S. 13). Kolb versteht Employer Branding als neue Ausrichtung im Rahmen des externen Personalmarketings. Dabei liegt der Fokus auf dem Aufbau und der Festigung der Arbeitgebermarke um gezielt Fach- und Führungskräfte zu rekrutieren (vgl. Kolb 2008, S. 80). Gmür, Martin und Karczinski betrachten Employer Branding als Schlüsselfunktion des strategischen Personalmarketings. In der Literatur und in der Praxis vieler Unternehmen beschränkt man sich beim Personalmarketing überwiegend auf Instrumente des Personalmarketing-Mix, die Personalsuche- und Werbung. Imageorien-

---

[1] Man beachte bspw. aktuelle Fachliteratur wie unter anderem „Personalwirtschaft. Lehrbuch für Studium und Praxis" von Becker Manfred aus dem Jahr 2010, worin „Employer Branding" überhaupt nicht erwähnt wird.

tierte Aspekte des Personalmarketings werden vernachlässigt sowie die Vermittlung eines intern und extern konsistenten Gesamtbildes. Es wird bemängelt, dass das Personalmarketing zwar attraktive Einzelaspekte kombiniert, dadurch jedoch kein trennscharfes Profil von der Zielgruppe wahrgenommen werden kann. Employer Branding als Schlüsselfunktion des Personalmarketings trägt dazu bei, sich als Arbeitgeber einzigartig zu positionieren, sich vom Wettbewerb abzugrenzen sowie die innere Konsistenz durch den Markenaufbau zu stärken (vgl. Gmür/Martin/Karczinski 2002, S. 12ff). Auch Strutz erkennt bereits 1992 gewisse Defizite im Personalmarketing und bemängelt die in Wissenschaft und Praxis oft eindimensionale Betrachtung, Konzeptionslosigkeit sowie Aktionismus. Die Maßnahmen im Personalmarketing werden selten strategisch und langfristig geplant, wodurch eine Verzahnung mit der Unternehmensplanung fehlt. Des Weiteren kritisiert er die Diskrepanz zwischen dem Unternehmensbild das intern vorherrscht und der externen Wahrnehmung, was die Glaubwürdigkeit des Arbeitgebers in Frage stellen kann (vgl. Strutz 1992, S. 8 f).

- Abgrenzung zum Corporate Branding

Aus dem Verständnis der Marke heraus liegt die Schlussfolgerung nahe, dass die Arbeitgebermarke auf ähnlichen theoretischen Fundierungen beruht wie Produkt- und Unternehmensmarken - so genannte Corporate Brands (vgl. Moroko, L., Uncles, M., 2008, S.161). Corporate Branding lässt sich wie folgt definieren: „Corporate Branding steht für alle Aktivitäten der Führung der Unternehmensmarke, um ein möglichst differenziertes und zukunftsorientiertes Image in der Öffentlichkeit zu erzeugen. Die Marke selbst ist dabei das Konzentrat aller Erfahrungen, die alle „Stakeholder" mit der Unternehmung verbinden. „Stakeholder" sind dabei definiert als jene Personengruppen, die ein entweder monetäres oder nicht monetäres Interesse an der Unternehmung haben." (Gaiser 2005, S. 103). Im Gegensatz zum Employer Branding welches sich an bestehende und potenzielle Mitarbeiter richtet bedient das Corporate Branding neben den Mitarbeitern unter anderem auch Kunden, Investoren, Geschäftspartner, Politiker und Analysten (vgl. Gaiser 2005, S. 104). Da potenzielle Mitarbeiter auch eine Interessensgruppe der Unternehmung darstellen, kann man Employer Branding durchaus als Teilaspekt des Corporate Branding betrachten (vgl. Gmür/Martin/ Karczinski 2002, S. 10). Die entscheidende Schnittmenge des Employer - und Corporate Branding bildet das Kernelement der identitätsorientierten Markenführung, mit dem Ziel ein differenziertes und glaubwürdiges Image aufzubauen (vgl. Esch/Tomczak/Kernstock/Langer 2006, S. 54 & Fauth/Müller/Straatmann 2011, S.28). Die Unternehmenskultur ist dabei sowohl für den Aufbau der Unternehmensmarke als auch für den Aufbau der Arbeitgebermarke entscheidend (vgl. Esch/Tomczak/Kernstock/Langer 2006, S. 14 f. & Fauth/Müller/ Straatmann 2011, S.30).

2.2.3 Wirkungsbereiche

Für Schuhmacher und Geschwill wirkt Employer Branding **intern** auf die Mitarbeiterbindung und Entwicklung sowie **extern** auf die Rekrutierung von neuen Mitarbeitern (vgl. Schuhmacher, F./Geschwill, R., 2009, S. 39). Auch Mosley's Kernziele zum Aufbau einer starken Employer Brand decken sich zu Teil mit den genannten Wirkungsbereichen: Qualifizierte Mitarbeiter zu finden, zu halten und sie zu mehr Engagement zu motivieren. Darüber hinaus betont er die daraus resultierenden, positiven Effekte wie Kostensenkungen, höhere Kundenzufriedenheit und besseren finanziellen Unternehmensergebnissen (Mosley, R., 2006, S.103). Die DEBA hat 2006 fünf Wirkungsbereiche des Employer Branding definiert und daraus resultierende positive Effekte für den Unternehmenserfolg abgeleitet.

Abb. 1: Die Wirkungsbereiche des Employer Brandings
(DEBA, 2006b, S. 1)

Da dieser Ansatz weitestgehend die gängigen Ansichten in der Fachliteratur integriert und ergänzt, werden diese nun folgend vorgestellt (vgl. DEBA, 2006a, S. 3 ff.). Hier erkennt man insbesondere den Bezug zu den Funktionen einer Employer Brand, die in 2.1.2 bereits vorgestellt wurden.

Die **Mitarbeitergewinnung** (Recruiting) ist ein wesentliches Wirkungsfeld des Employer Branding. Es erhöht nicht nur die Arbeitgeberattraktivität, sondern auch die Passung der Bewerber zum Unternehmen und reduziert den Personalbeschaffungsaufwand (vgl. DEBA, 2006a, S. 3 ff.). Durch eine gezielte und differenzierte Arbeitsmarktkommunikation wie z. B. Personalwerbung, Hochschulmarketing, Recruitingmessen sowie Internetpräsenz steigt die Wahrnehmung und Bekanntheit der Arbeitgebermarke, was sich wiederum positiv auf die Arbeitgeberattraktivität auswirken kann (vgl. Kriegler, 2009, S. 5). Die Bewerber und Perso-

11

nalverantwortlichen erkennen schneller ob es zu einem so genannten "Cultural Fit" kommt. Das bedeutet, dass die Bewerber nicht nur fachlich auf die zu besetzende Stelle passen sollen, sondern auch zur Unternehmenskultur (vgl. DEBA 2006b, S. 1).

Durch Employer Branding soll auch die **Mitarbeiterbindung** positiv beeinflusst werden indem sich die Mitarbeiter mit dem Unternehmen besser identifizieren können und dadurch die Zufriedenheit steigt (ebenda). Unternehmensintern zeigt sich in vielen Bereichen die Anbindung an ein Employer Branding Konzept, beispielsweise im HR-Portfolio, im Bereich der Führung, der internen Kommunikation sowie der Gestaltung der Arbeitswelt (vgl. Kriegler, R., 2009, S. 5). Dadurch kann die Fluktuation sinken und das Know-How der Mitarbeiter bleibt dem Unternehmen erhalten (vgl. DEBA 2006b, S.1). Die „Global Management & Rewards Study 2010" belegt wie wichtig insbesondere weiche Faktoren für die Mitarbeiterbindung – und Performace sind. Arbeitsplatzsicherheit, Work-Life-Balance und Karrierechancen zählen bei den Mitarbeitern mehr als „Short-Term Incentives" (vgl. Towars Watson GmbH, 2010).

Eine starke Arbeitgebermarke wirkt sich ebenfalls auf das **Unternehmensimage** und damit auf die **Unternehmensmarke** aus, was langfristig auch den Unternehmenswert steigert. Das Ansehen bei allen Anspruchsgruppen des Unternehmens kann durch eine glaubwürdige und unverwechselbare Arbeitgebermarke verbessert werden (vgl. DEBA, 2006a, S. 4).

Auch auf das Konto der **Unternehmenskultur** zahlt das Employer Branding durch seine identitätsstiftende Wirkung ein, was im Idealfall das Arbeitsklima und den Zusammenhalt unter den Mitarbeitern verbessert, den Krankenstand reduziert und die Werte im Unternehmensalltag erlebbar macht. Die interne Kommunikation kann außerdem effektiver und effizienter auf der Basis eines Employer Branding Konzepts erfolgen (vgl. ebenda). Die Kienbaum-Studie „Unternehmenskultur 2009/2010 – Rolle und Bedeutung" zeigte, dass 51 Prozent der befragten Manager der Unternehmenskultur künftig und langfristig einen sehr hohen Stellenwert zuschreiben. Obwohl bereits viele Unternehmen eine Soll-Kultur in Leitbildern und Werten definiert haben, mangelt es an der Umsetzung und daran, dass diese Kultur im Unternehmen tatsächlich gelebt wird (vgl. Kienbaum Consultants International Gmbh, 2010).

Im Wirkungsbereich der **Performance**, also der Arbeitsleistung und des Ergebnisses können ebenfalls positive Effekte erzielt werden. Die Leistungsmotivation der Mitarbeiter und die Qualität der verrichteten Arbeit steigen. Wenn sich die Mitarbeiter stärker mit ihrem Unternehmen identifizieren können, ist die Arbeit mehr als nur ein Job, so dass nicht nur die Loyalität gegenüber dem Arbeitgeber steigt, sondern auch die Eigenverantwortung (vgl. DEBA, 2006a, S. 4).

2.3 Grundlagen der Konsumentenforschung zur Gestaltung der Kommunikation im Rahmen der Präferenzbildung

Obwohl die Erkenntnisse der Konsumentenforschung auch für die Gestaltung der internen Kommunikation gelten, wird folgend vermehrt die Perspektive der Arbeitsplatzsuchenden eingenommen, die sich mittels der Selbstselektion für einen Arbeitgeber entscheiden müssen. Auf dieser Grundlage können Ansatzpunkte für die Gestaltung der Kommunikationsmaßnahmen im Employer Branding Prozess abgeleitet werden (vgl. Süß 1996, S. 43). Als theoretisches Fundament dafür bieten sich Erkenntnisse aus der Konsumentenforschung an. Die Konsumentenforschung liefert allgemein gültige Grundlagen für das Handeln, nicht nur im kommerziellen Marketing, sondern auch für die Wirtschaftspolitik, wodurch es auch für das Employer Branding einen Nutzen hat (vgl. Trommsdorff 2009, S. 25). Sie basiert auf ökonomischen, psychologischen und naturwissenschaftlichen Disziplinen, was ein ganzheitliches Verständnis ermöglicht (vgl. Trommsdorff 2009, S. 16). Dabei ist das Konsumentenverhalten als verhaltensorientierte Richtung des Marketing das Kernstück der Marketingwissenschaft und dient der Bewältigung von Entscheidungsproblemen (vgl. Trommsdorff 2009, S. 16 ff.). Die Bezeichnung *Konsumentenverhalten* stellt aus Marketingsicht nicht die Tätigkeit des Konsumierens in den Vordergrund, „(…) sondern die Eigenschaft einer Person als potenzieller Kunde." (Trommsdorff 2009, S. 15). Die Gestaltung der Kommunikationsmaßnahmen an den Erkenntnissen des Konsumentenverhaltens zeigt sich in der Praxis als bewährt und erfolgsversprechend (vgl. Trommsdorff 2009, S. 20 f.).

Im Rahmen des Employer Branding Prozesses strebt der Arbeitgeber an, sich durch die Kommunikation der Werbebotschaft langfristig als attraktiver und glaubwürdiger Arbeitgeber zu positionieren. Die zentralen Fragen lauten dabei, ob die avisierten Zielgruppen die Botschaft überhaupt wahrnehmen, und ob die vermittelten Inhalte eine Relevanz für die Zielgruppe haben und sie gelernt werden. Um diese Fragen beantworten zu können und Erkenntnisse für die Gestaltung der Kommunikation abzuleiten werden ausgewählte Grundlagen des Konsumentenverhaltens herangezogen.

2.3.1 Wahrnehmung (Informationsselektion)

Die Grundvoraussetzung dafür, als attraktiver Arbeitgeber bewertet zu werden, ist überhaupt wahrgenommen zu werden. Bedenkt man die Fülle an Informationen, der Personen beispielsweise bei der Nutzung des Internets ausgesetzt sind, zeigt sich ein starker Wettbewerb um die Aufmerksamkeit der Zielgruppen. Die **Informationsverarbeitung** erfolgt dabei nach dem so genannten **Dreispeichermodell** und soll aufzeigen, unter welchen Bedingungen Informationen gespeichert und langfristig im Gedächtnis behalten werden (vgl. Rosenstiel/Neumann 2002, S. 183). Es beinhaltet folgende Gedächtniskomponenten: Den sensorischen Speicher (Ultrakurzzeitspeicher, UKS), der Sinneseindrücke nur für extrem kurze Zeit speichert, den Kurzzeitspeicher (KZS), der nur einen Teil der Sinneseindrücke aus dem UKS zur weiteren Verarbeitung übernimmt, und den Langzeitspeicher (LZS), der mit dem Gedächtnis gleichzusetzen ist und Informationen langfristig speichert (vgl. Kroeber-Riel/Weinberg 2003, S. 226 ff.). Die Vorstellungen eines Unternehmens in der Funktion als Arbeitgeber entwickeln sich durch Informationen. die in der Umwelt aufgenommen werden. Exemplarisch kommt ein Reiz, z. B. die EVP, visuell in Kontakt mit dem Sinnesorgan des Rezipienten und wird kurzzeitig gespeichert. Der so genannte Medienfilter konnte überwunden werden. Im KZS bzw. im Bewusstsein angelangt, werden die Informationen anschließend beachtet, mehr oder minder bewusst wahrgenommen und emotional bewertet. Die Kapazität des KZS ist jedoch im Gegensatz zum UKS nur sehr gering, so dass nur wenige Informationen in den Speicher gelangen. Dabei werden aus der Vergangenheit stammende Informationen (aus dem LZS) mit den neuen Informationen verknüpft. Anschließend werden die Informationen entweder innerhalb von Sekunden wieder gelöscht oder im LZS als Wissen, Gefühle oder Motiv- bzw. Verhaltensintentionen gespeichert (vgl. Kroeber-Riel/ Weinberg 2003, S. 226 ff. & Neumann 2003, S. 275).

Es gibt jedoch auch Wahrnehmungsprozesse die nicht bei klarer Aufmerksamkeit und damit ohne Bewusstsein erfolgen. Nach dem Elaboration Likelihood Modell von Petty und Caccioppo erfolgt die Informationsverarbeitung bzw. Einstellungsänderung (z. B. die Bildung des Arbeitgeberimages) bei geringer Aufmerksamkeit auf peripherem Weg und damit eher flüchtig und affektiv. Bei mäßiger bis klarer Aufmerksamkeit erfolgt die Verarbeitung überwiegend kognitiv auf zentralem Weg, so dass es zu einer dauerhaften Speicherung der Informationen kommt (vgl. Balderjahn/Scholderer 2007, S. 84 f.). Auch Kahnemann spricht in diesem Zusammenhang von **impliziter (unbewusster) und expliziter (bewusster) Zuwendung zu einem Reiz**. Es lassen sich im Gehirn exemplarisch zwei Systeme unterscheiden: der Pilot, der nur eine geringe Kapazität aufweist und für das reflektive Verhalten verantwortlich ist und der Autopilot mit einer fast unbegrenzten Kapazität und spontanes Verhalten induziert (vgl. Scheier/Held 2007, S. 60 f.). Ob Informationen nun implizit oder explizit verarbeitet werden und welche davon selektiert werden hängt von der Aufmerksamkeit des Individuums ab und damit von dem **Involvement**. „Unter Involvement versteht man die innere Beteiligung, das Engagement, mit dem sich die Konsumenten der Kommunikation zuwenden." (Kroeber-Riel/Weinberg 2003, S. 92). Daraus lässt sich schließen, dass hoch involvierte Personen Informationen explizit und somit aktiv aufnehmen und dadurch besser speichern können. Low-involvierte Personen nehmen die Informationen hingegen eher passiv wahr. Das Involvement lässt sich beeinflussen, indem das Individuum verstärkt aktiviert wird und es sich

14

dadurch mit einer erhöhten Aufmerksamkeit der Kommunikation zuwendet. Die **Aktivierung** ist die Grunddimension aller Antriebsprozesse des Menschen, die auch als Erregung oder innere Spannung bezeichnet werden kann. Der Mensch wird in einen Zustand der Leistungsfähigkeit und Leistungsbereitschaft versetzt (vgl. Kroeber-Riel/Weinberg 2003, S. 58). „Aufmerksamkeit ist eine vorübergehende Erhöhung der Aktivierung die zur Sensibilisierung des Individuums gegenüber bestimmten Reizen führt." (Kroeber-Riel/Weinberg 2003, S. 61). Beispielsweise hat der Einsatz von Bildern und Bildmedien in der Kommunikation eine überlegene aktivierende und gefühlsmäßige Wirkung, so dass sie weitgehend automatisch wahrgenommen und verarbeitet sowie besser memoriert werden als Texte. Besonders in Low Involvement Situationen erleichtern Bilder die Speicherung von Werbeinhalten und erhöhen die Bereitschaft sich der Kommunikationsbotschaft zuzuwenden (vgl. Trommsdorff 2007, S. 100). Auch bei der Gestaltung der Kommunikation im Employer Branding Prozess ist es wichtig, welches Involvement im Moment der Reizwahrnehmung bei der der Zielgruppe vorliegt. Davon hängt die Verarbeitungstiefe der Informationen ab und ob diese selektiert und dann implizit oder explizit verarbeitet werden. Auch die Ausgangsituation des Empfängers spielt dabei eine Rolle, sein Vorwissen und das persönliche Interesse am Thema. Ein weiterer Aspekt, der das Involvement tangiert, betrifft Störfaktoren, wie beispielsweise die Reizkonkurrenz, ein Informationsüberangebot oder Zeitdruck. Schließlich beeinflusst auch die Attraktivität des Angebots und die Gestaltung des Kommunikationsmittels die Bereitschaft sich mit der Werbebotschaft auseinanderzusetzen, in Abhängigkeit von aktivierenden Komponenten (vgl. Fischer 2007, S. 6).

Die Wahrnehmung als attraktiver Arbeitgeber durch unterschiedliche Personen kann jedoch stark variieren. Das liegt unter anderem an der **Subjektivität** menschlicher Wahrnehmung. Da die Wahrnehmung keine passive Aufnahme von Reizeindrücken ist die nur von außen kommen, sondern durch die eigene Persönlichkeit, das Vorwissen und situative Gegebenheiten geprägt ist, konstruiert sich jeder Mensch seine eigene subjektive Umwelt. Das heißt, dass nicht nur das objektive Angebot (z. B. die Leistungen des Arbeitgebers) das Verhalten der Zielgruppe bestimmt, sondern das subjektiv wahrgenommene Angebot. Aber auch die **Selektivität** der Wahrnehmung hängt damit zusammen. Als System der Informationsbewältigung trägt die selektive Wahrnehmung zur kognitiven Entlastung bei, insbesondere weil die psychische Aufnahme und Verarbeitungskapazität des Rezipienten eingeschränkt ist (vgl. Kroeber-Riel/Weinberg 2003, S. 269 f.). Selektiert wird auch nach den Erwartungen, Einstellungen und Attributionen an einen Arbeitgeber (vgl. Petkovic 2008, S. 149).

Motive, zielgerichtete, gefühlsmäßig und kognitiv gesteuerte Antriebe des Menschen haben ebenfalls erhebliche Auswirkungen auf die Wahrnehmung und das Entscheidungsverhalten. Wie Gefühle und Wissen müssen sie erst aktiviert werden, um ihre Wirkung zu entfalten. Sie gelten in der Regel als unbewusst, können jedoch durch entsprechende Reflexion bewusst gemacht werden. Im Gegensatz zu Bedürfnissen, die sich eher auf einen empfundenen Mangelzustand beziehen, entstehen Motive gerade durch die gedankliche und gefühlsmäßige Verarbeitung dieser Empfindung, wodurch das Motiv einen zielgerichteten Handlungsprozess auslösen kann (vgl. Kroeber-Riel/Weinberg 2003, S. 108). Wenn die Botschaft der Kommunikation im Employer Branding Prozess auf relevante Motive der Zielgruppe trifft, beeinflusst das ihr Verhalten. Bischof unterscheidet im "Züricher Modell der sozialen Motivation" die Grundmotive des Menschen in Autonomie, Erregung und Sicherheit. Diese Motive werden bereits in den ersten Lebensjahren angelegt, wobei ihre Ausprägung aber von Mensch zu Mensch verschieden ist (vgl. Bischof 2009, S. 417 f.). Trommsdorff unterscheidet weitere Motive die sich im Laufe des Lebens ausbilden können wie beispielsweise Sparsamkeit, Status und Prestige, soziale Wünschbarkeit, Erotik oder die Risikoneigung (vgl. Trommsdorff 2009, S. 114). Die Kommunikationsbotschaft sollte demnach an bereits bestehende Motive der Zielgruppe anknüpfen, um die Zielgruppe zu einer Handlung zu motivieren, wie z. B. die Versendung einer Bewerbung an den Wunscharbeitgeber. **Codes** haben dabei die Funktion die Bedeutung zu transportieren und an den Motiven anzuknüpfen. Als Codes dienen die Sprache, Geschichten, Symbole und die Sinne. Sie entstehen durch kulturelles Lernen und können eine explizite und eine implizite Bedeutung transportieren. Eine starke Employer Brand kann also nicht nur über die Kommunikation mit Bedeutung aufgeladen werden, sondern kann selbst zum Code werden (vgl. Scher/Held 2008, S. 97). Die Codes und Motive des Markenkerns sollten somit aus einem einzigartigen Muster bestehen um sich vom Wettbewerb abzugrenzen. Andere Codes als die Wettbewerber zu verwenden führt zu einem Kontrast und damit zu Differenzierung (vgl. Scheier/Held 2008, S. 150). Des Weiteren zeigt sich, dass der motivationale Aspekt des Involvements über adäquate Codes steuerbar ist, indem die Codes an die Motive anknüpfen und somit Relevanz bei der Zielgruppe erzeugen. Implizite Codes können genutzt werden um auch low-involvierte Rezipienten zu prägen (vgl. Scheier/Held 2008, S. 158).

Die gelernten Einstellungen und Motive der Person bestimmen auch welche Informationen auf Basis des Dreispeichermodells wie weit kommen und welche Wirkungen sie im KZS und LZS (z.B. Verhalten oder Lernen ausgelöst wird) haben. Zusammenfassend lässt sich die Bedeutung häufiger Wiederholungen und die spezifische Aktivierung bestimmter Motive hervorheben, um das Verhalten der Zielperson zu beeinflussen (vgl. Neumann 2003, S. 275 f.). Durch gezielte Maßnahmen kann folglich die Wahrnehmung von Personen gesteuert werden. Ist bekannt wie der Mensch visuelle Eindrucke und Werbeimpulse verarbeitet, können bei der Konzeption und Gestaltung der Kommunikation gezielt diese Mechanismen angesprochen und Lernprozesse gefördert werden (vgl. Fischer 2007b, S. 45 f.).

2.3.2 Emotionale Konditionierung

In Verbindung mit der Gestaltung der Kommunikationsmaßnahmen im Employer Branding Prozess spielt auch die **emotionale Konditionierung** eine große Rolle. Ziel der emotionalen Konditionierung ist zum Beispiel eine Marke vom Wettbewerb zu differenzieren, indem das Markensymbol eine emotionale Bedeutung erhält und beim Rezipienten eine positive Grundeinstellung gegenüber der Marke erfolgt (vgl. Trommsdorff 2008, S. 243). Die emotionale Markendifferenzierung entsteht durch Lernen, welches entweder auf direkten Erfahrungen mit der Marke beruht (bzw. Arbeitgeber) oder auf symbolischen Erfahrungen. Zum Beispiel wird die Employer Brand in den Kommunikationskanälen (z. B. Social Media) symbolisch dargestellt. Der potenzielle Bewerber soll lernen, stellvertretend für die Employer Brand das Markensymbol (oder Musik etc.) in emotionaler Weise zu erleben und wahrzunehmen (vgl. Kroeber-Riel/Weinberg 2003, S. 129). Die Funktionsweise der emotionalen Konditionierung basiert auf der Theorie der klassischen Konditionierung. Wird ein neutraler Reiz (z. B. Bild, Symbol, Wort, Musik) wiederholt und gleichzeitig mit einem emotionalen Reiz gezeigt, so wird nach einiger Zeit auch der neutrale Reiz, wenn er allein dargeboten wird in der Lage sein die emotionale Reaktion hervorzurufen (vgl. Kroeber-Riel/Weinberg 2003, S. 130). Demnach bietet sich die emotionale Konditionierung auch für wenig involvierte Personen an die nicht akut nach einem neuen Arbeitgeber suchen oder beispielsweise für Absolventen, die innerhalb der favorisierten potenziellen Arbeitgeber keine auffallende Differenzierung der Arbeitgeberleistungen feststellen können.

Allgemein lässt sich festhalten, dass Lernprozesse zu neuen Einstellungen und Handlungsmotiven bei der Zielgruppe führen können, was wiederum das Image eines Arbeitgebers beeinflusst und damit auch das Verhalten der Zielgruppe gegenüber dem Arbeitgeber. Eine Einstellung lässt sich definieren „(…) als Zustand einer gelernten und relativ dauerhaften Bereitschaft, in einer entsprechenden Situation gegenüber dem betreffenden Objekt regelmäßig mehr oder weniger stark positiv bzw. negativ zu reagieren." (Trommsdorff 2009, S.146). Im Gegensatz zu einem Motiv ist eine Einstellung konkret an ein Objekt gebunden. Das Image ist ein mehrdimensionales Einstellungskonstrukt und entspricht dem Bild, welches sich jemand von einem Objekt macht. Somit kann man dem Image in etwa die gleichen Merkmale zusprechen wie der Einstellung (vgl. Kroeber-Riel/Weinberg 2003, S. 197).

2.3.3 Der Präferenzbildungsprozess

Die Präferenz lässt sich als die Bevorzugung eines von mehreren Arbeitgebern im Rahmen der Arbeitgeberwahl umschreiben. Sie ist ein Konstrukt der Konsumentenforschung und dient unter anderem der Erklärung von Wahlentscheidungen. Sie wird als eine dem Verhalten unmittelbar vorgelagerte Größe interpretiert. Für das externe Employer Branding vollzieht sich in der Präferenz ein aquisitorisches Potenzial und dient demzufolge der Personalgewinnung oder der Reduzierung von Wechselabsichten aktueller Mitarbeiter (vgl. Petkovic 2008, S. 9 f.). Es gibt verschiedene Modelle zur Erklärung des Präferenzbildungsprozesses bzw. der Arbeitgeberwahl. Petkovic unterscheidet ergebnisorientierte Beiträge, die sich insbesondere auf die Ausgestaltung der Präferenz beziehen, und prozessorientierte Ansätze, die ihre Entstehung im Zeitverlauf betrachten (vgl. Petkovic 2009, S. 16). Folgend wird für das Entscheidungsverhalten von potenziellen Bewerbern das **Phasenmodell der Arbeitsplatzwahl nach Süß** herangezogen. Er bezieht Ergebnisse aus den Modellen zur Arbeitsplatzwahl seiner Vorgänger in seine Betrachtung mit ein und überträgt Erkenntnisse aus der Sozialpsychologie und Konsumentenforschung auf das operative, externe Personalmarketing, welches sich auf das externe, operative Employer Branding aufgrund der gemeinsamen Zielsetzung übertragen lässt (vgl. Petkovic 2009, S. 22). Die prozessorientierte Sichtweise ermöglicht die Integration der Informationssuche und Imageentstehung. Süß unterscheidet in dem idealtypischen Entscheidungsprozess der Arbeitsplatzwahl die Low Involvement-Phase (Phase I), die Präferenzbildungsphase (Phase II) und die Critical Contact-Phase (Phase III) (vgl. Süß 1996, S. 73). In Phase I ist eine Person noch nicht mit der Suche nach einem Arbeitgeber beschäftigt. Sie ist low-involviert und es vollzieht sich demnach keine aktive Informationssuche. Informationen zu verschiedenen Unternehmen oder Arbeitgebern werden nur peripher aufgenommen, so dass sich ein subjektives Unternehmensimage herausbildet. Das geschieht beispielsweise in der Studien- bzw. Ausbildungszeit oder während bei einem anderen Arbeitgeber noch eine Beschäftigung besteht durch unterschiedliche Medien oder über Gespräche im Bekanntenkreis (vgl. Süß 1996, S. 78). Das subjektive Vorstellungsbild des Unternehmens wird im Wesentlichen determiniert durch das Image der Produkte oder Dienstleistungen des Unternehmens sowie durch das Branchenimage (vgl. Süß 1996, S. 85).

Durch eine aktive Informationsaufnahme- und Verarbeitung ist die Phase II gekennzeichnet, so dass beim Arbeitsplatzsuchenden ein hohes Involvement vorherrscht. Die Informationsaufnahme vollzieht sich bereits selektiv auf Basis des Vorwissens über das Unternehmen. Vorwiegend die positiv beurteilten Unternehmen geraten in den Fokus, da bereits unbewusste Präferenzmuster vorliegen. Dabei ist zu beachten, dass die Prädispositionen potentieller Bewerber kurzfristig nicht veränderbar sind (vgl. Süß 1996, S. 92). Das Interesse an potenziellen Arbeitgebern steigt und es bildet sich bei den Arbeitsplatzsuchenden das Arbeitgeberimage verschiedener Unternehmen heraus, welches eine wichtige Orientierungsfunktion besitzt und Wissensdefizite auszugleichen ermöglicht. Aus dem so genannten "awareness set", allen dem potenziellen Bewerber bekannten Arbeitgeber wählt dieses das "evoked oder processed set", welches alle Alternativen beinhaltet die im Bewertunsprozess näher betrachtet werden. Das "relevant set" bezeichnet als folgende Stufe im Präferenzbildungsprozess die Menge der Arbeitgeber die sowohl wahrgenommen als auch akzeptiert werden vom Interessenten, so dass innerhalb dieser entscheidungsrelevanten Alternativen Informationen aktiv abgespeichert werden (vgl. Süß 1996, S. 92 & 111 f.). Das Arbeitgeberimage besteht neben allgemeinen Unternehmensaspekten wie z. B. dessen Ertragslage oder Produktimages aus personalpolitischen Aspekten wie z. B. Karrierechancen oder das zu erwartende Gehaltsniveau. Aufgrund von Ausstrahlungseffekten zwischen dem Unternehmensimage und dem Arbeitgeberimage sind durchaus Ähnlichkeiten zu erwarten (vgl. Süß 1996, S. 94 f.).

Die Phase III beschreibt den Kontakt des Interessenten mit dem Arbeitgeber, angefangen bei der Bewerbung, dem Auswahlverfahren bis hin zum Unternehmenseintritt (vgl. Süß 1996, S. 73). Diese Phase wird als Critical Contact Phase bezeichnet, da ein sehr hohes Bewerberinvolvement vorliegt und das Arbeitgeberimage mit der tatsächlichen Arbeitgeberqualität im direkten Kontakt und über die Zeit hinweg überprüft werden kann (vgl. Süß 1996, S. 114).

Zusammenfassend lässt sich ableiten, dass ein potenzieller Bewerber zwei wesentliche Entscheidungen zu treffen hat. Als erstes überhaupt eine Bewerbung an den präferierten Arbeitgeber zu schicken und zweitens, das Vertragsangebot anzunehmen. Um als Arbeitgeber im "relevant set" des potenziellen Bewerbers aufgenommen zu werden gilt als Voraussetzung die Bekanntheit und folglich die Möglichkeit als „Employer of Choice" wahrgenommen zu werden (vgl. Süß 1996, S. 123). Hier schließt sich der Kreis zur Notwendigkeit der zielführenden Gestaltung der Kommunikationsmaßnahmen im Employer Branding Prozess.

2.4 Der Employer Branding Prozess auf Basis der identitätsorientierten Markenführung

Der Employer Branding Prozess auf Grundlage der identitätsbasierten Markenführung wird zunächst hergeleitet und begründet. Anschließend werden die einzelnen Stufen des Employer Branding Prozesses vorgestellt, Bezug nehmend auf die detaillierte Ausgestaltung der identitätsbasierten Markenführung.

2.4.1 Die identitätsorientierte Markenführung als Grundlage

Der Employer Branding Prozess basiert auf der identitätsorientierten Markenführung, da Employer Branding als Teilaspekt des Corporate Branding verstanden werden kann und dieses wiederum auf der identitätsorientierten Markenführung beruht (siehe 2.2.2). Dieser Ansatz wird in der Fachliteratur mehrheitlich bestätigt (vgl. Fauth/Müller/Straatmann 2011, S. 28 & Andratschke/Regier/Huber 2009, S. 20 & Petkovic 2009, S. 86).

Die identitätsorientierte Markenführung wird auch als „Moderne Markenführung" bezeichnet und hat sich in den 90er Jahren aus verschiedenen Markenführungsansätzen etabliert. Verschiedene wirtschaftliche und gesellschaftliche Entwicklungen haben über Jahrzehnte zu dieser Entwicklung geführt. Die Aufgabenumwelt der Unternehmen hat sich seit den 90er Jahren stark verändert. Durch die internationale Verflechtung und Globalisierung des Wettbewerbs konnte sich Know-How schnell verbreiten und angleichen, so dass eine Qualitätsangleichung und Substituierbarkeit der Unternehmen und Angebote erfolgte. Seitdem werden Konsumgüter, Dienstleistungen und Investitionsgüter immer ähnlicher, und damit auch die Unternehmen, wenn nicht die Entwicklung eigener Marken dazu beitragen, sich zu differenzieren (vgl. Meffert/Burmann/Koers 2002, S. 25). Darüber hinaus trägt die Vielfalt an Marken und Kommunikationsmittel zur Informationsüberflutung der Menschen bei, so dass die Unterscheidbarkeit der Marken durch emotionale Aspekte bei der Suche nach imagerelevanten Eigenschaften notwendig ist (vgl. Esch/Wicke 2000, S. 52 f.). Man hat erkannt, dass Markenbildung ein sozialpsychologisches Phänomen ist, welches auf Vertrauen und Identität basiert (vgl. Meffert/Burmann/Koers 2002, S. 19). Der identitätsorientierte Ansatz der Markenführung vereint somit erstmals eine innen- und außengerichtete Perspektive. Die innengerichtete Perspektive stellt das Selbstbild des Unternehmens bzw. des Arbeitgebers aus Sicht der internen Anspruchsgruppen dar und basiert auf der Markenidentität (hier: Arbeitgeberidentität).

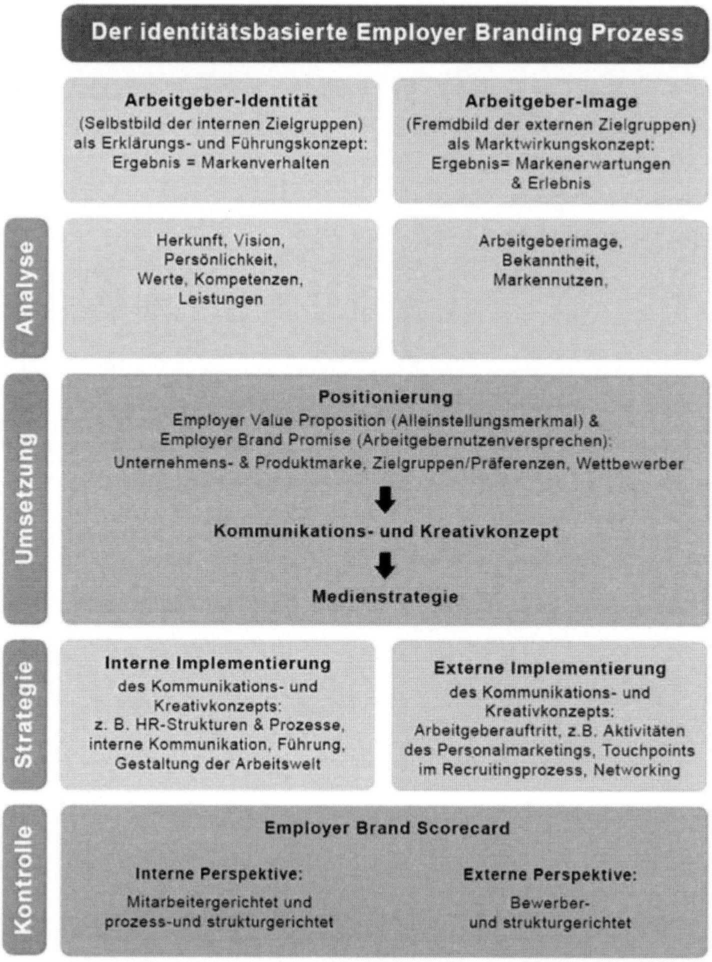

Der identitätsbasierte Employer Branding Prozess

| **Arbeitgeber-Identität** (Selbstbild der internen Zielgruppen) als Erklärungs- und Führungskonzept: Ergebnis = Markenverhalten | **Arbeitgeber-Image** (Fremdbild der externen Zielgruppen) als Marktwirkungskonzept: Ergebnis= Markenerwartungen & Erlebnis |

Analyse
Herkunft, Vision, Persönlichkeit, Werte, Kompetenzen, Leistungen — Arbeitgeberimage, Bekanntheit, Markennutzen,

Umsetzung
Positionierung
Employer Value Proposition (Alleinstellungsmerkmal) & Employer Brand Promise (Arbeitgebernutzenversprechen): Unternehmens- & Produktmarke, Zielgruppen/Präferenzen, Wettbewerber
↓
Kommunikations- und Kreativkonzept
↓
Medienstrategie

Strategie
Interne Implementierung des Kommunikations- und Kreativkonzepts: z. B. HR-Strukturen & Prozesse, interne Kommunikation, Führung, Gestaltung der Arbeitswelt — Externe Implementierung des Kommunikations- und Kreativkonzepts: Arbeitgeberauftritt, z.B. Aktivitäten des Personalmarketings, Touchpoints im Recruitingprozess, Networking

Kontrolle
Employer Brand Scorecard
Interne Perspektive: Mitarbeitergerichtet und prozess-und strukturgerichtet — Externe Perspektive: Bewerber- und strukturgerichtet

Abb. 2: Der identitätsbasierte Employer Branding Prozess
(eigene Darstellung in Anlehnung an Meffert/Burmann/Kirchgeorg 2008, S. 372)

Die Arbeitgeberidentität ist dabei die Summe aller Merkmale, die den dauerhaften Unterschied zu anderen Arbeitgebern ausmacht. Das Markenimage (hier: Arbeitgeberimage) stellt das Fremdbild der Marke bzw. des Arbeitgebers aus der Sicht der externen Anspruchsgruppen dar, wobei sich beide gegenseitig beeinflussen (vgl. Baumgarth 2001, S. 22 f.). Die Arbeitgeberidentität fungiert als Erklärungs- und Führungskonzept welches durch die Interaktion der Mitarbeiter untereinander und der Interaktion mit externen Zielgruppen entsteht und somit das Mitarbeiterverhalten beeinflusst. Das Arbeitgeberimage kann als Marktwirkungskonzept interpretiert werden welches sich meist zeitverzögert und über einen längeren Zeitraum aus der Arbeitgeberidentität und dem Mitarbeiterverhalten heraus entwickelt (vgl. Meffert/Burmann/Kirchgeorg 2008, S. 359 f.). Basierend auf diesem Grundverständnis der Markenführung von Meffert et al. wird der Prozess des identitätsorientierten Employer Branding und in Anlehnung an Trost in **vier Prozessstufen** unterteilt (vgl. Trost 2009, S. 18). Diese, die als Analyse, die Strategie, die Umsetzung und Kontrolle benannt sind, werden folgend erläutert.

2.4.2 *Analyse*

Der Aufbau und die Führung einer Employer Brand erfordert als ersten Schritt die **Analyse der Arbeitgeberidentität**, die sich auf Basis verschiedener Komponenten herausbildet. Sie setzt sich zusammen aus der Geschichte, der Vision und der Kompetenzen des Unternehmens sowie dessen Leistungen als Arbeitgeber (vgl. Meffert/Burmann/Kirchgeorg 2008, S. 361). Auch die Unternehmenskultur prägt die Arbeitgeberidentität maßgeblich. Die Unternehmenskultur besteht aus Werten, Normen, Denk- und Verhaltensmustern sowie deren Manifestationen, die sich im Laufe der Zeit in einem Unternehmen entwickelt haben. Sie wirkt auf die Mitarbeiter und das Unternehmen als Ganzes in ihrem Verhalten und Erleben ein (vgl. Rosenstiel/Molt/Rüttinger 2005, S. 395 f.). Es entwickeln sich gemeinsame Auffassungen darüber, welche Werte und welches Verhalten erstrebenswert sind (vgl. Nerdinger/Blickle/Schaper 2008, S. 153). Wie die Analysephase konkret ausfällt, hängt im Wesentlichen von der Zielsetzung des Unternehmens ab. Entscheidend ist, ob eine Arbeitgebermarke erst aufgebaut werden muss oder ob es sich um die erfolgreiche Führung und Optimierung der Arbeitgebermarke handelt. In jedem Fall muss dem Unternehmen bewusst sein, was die Unternehmenskultur speziell ausmacht und welche Merkmale man daraus als Arbeitgeber repräsentieren kann und möchte. Die Leistungen die das Unternehmen als Arbeitgeber bietet müssen definiert und gegebenenfalls erweitert werden, wie Work-Life-Balance Angebote und andere personalpolitische Gestaltungskriterien, wie flexible Arbeitszeitmodelle oder die Vergütung. Darüber hinaus sollte sich der Arbeitgeber auch seiner Kompetenzen bewusst sein, die ihn vom Wettbewerb unterscheiden wie z. B. der Führungsstil, die Innovationsfähigkeit oder flache Hierarchien innerhalb des Unternehmens (vgl. Siemann 2008, S. 4).

Gleichzeitig gilt es zu ermitteln wie das Arbeitgeberimage **extern** wahrgenommen wird. Dies setzt jedoch voraus, dass das Unternehmen überhaupt bekannt ist (vgl. Meffert/Burmann/Kirchgeorg 2008, S. 364). Zahlreiche Diagnoseverfahren stehen dazu zur Verfügung, wie das Polaritätenprofil, welches aus mehreren Gegensatzpaaren besteht und die Einordnung des Arbeitgebers im Vergleich zum Wettbewerb ermöglicht oder Soll-Ist-

Diskrepanzen bei der Positionierung aufzeigen kann (vgl. Rosenstiel/Neumann 2002, S. 214 f.). Dadurch kann der Arbeitgeber ein eigenes, trennscharfes Profil gegenüber dem Wettbewerb aufbauen oder bei Fehlentwicklungen der Führung der Employer Brand Optimierungspotenziale ermitteln. Des Weiteren stehen dem Arbeitgeber im Rahmen der Analyse mittels der Marktforschung zahlreiche Möglichkeiten offen, die Präferenzen der Zielgruppe zu erfassen (vgl. Trost 2009, S. 19). Je nach Branche oder Berufszweig legt die Zielgruppe auf zum Teil unterschiedliche Kompetenzen und Leistungen eines Arbeitgebers Wert.

2.4.3 Strategie

Auf die Analyse aufbauend wird als nächstes die Employer Brand strategisch positioniert, um daraus Maßnahmen und Anwendungen in der Umsetzungsphase zu implementieren. Dazu werden, in Anlehnung an die Theorie der Produktpolitik, der Markenkern und der Markennutzen herausgearbeitet. Der **Markenkern** ist die Essenz der Markenidentität und lässt sich im Idealfall auf einen Satz komprimieren. Der **Markennutzen** stellt die Vorteile dar, die man von dem Produkt bzw. dem Arbeitgeber erwarten kann (vgl. Homburg/Krohmer 2009, S. 607 f.). Übertragen auf das Employer Branding werden diesbezüglich verschiedene Begriffe verwendet. Als „Employee Value Propostion" (vgl. Mosley/Barrow 2006, S. 203 & Labonde 2009, S. 299 & Michaels et al. 2001, S. 41) oder als „Employer Value Proposition" (vgl. Petkovic 2008, S. 191 & Fauth/Müller/Straatmann 2011, S. 30) werden in der Literatur das Alleinstellungsmerkmal und das Arbeitgebernutzenversprechen meist zusammengefasst und erst gar nicht differenziert. Michaels et al. umschreiben die Wirkung der Employee Value Proposition wie folgt: „ A strong EVP attracts great people like flowers attract bees. A strong EVP excites people so that they recommit daily to give their best- so that they are jazzed and feeling passionate about their work and their company" (Michaels et al. 2001, S. 43). Des Weiteren benennt die DEBA den Arbeitgebermarkenkern als „Unique Employment Proposition", die das Alleinstellungsmerkmal des Arbeitgebers festlegt, wodurch prägnant dargestellt wird, was den Arbeitgeber einzigartig macht und vom Wettbewerb abhebt (vgl. Pett/Kriegler 2007, S. 19). Abgeleitet ist diese Bezeichnung von der angloamerikanischen Bezeichnung „Unique Selling Proposition", die ebenfalls für den Markenkern steht und im Produktmarketing verwurzelt ist. Diese macht die Wertekompetenz der Arbeitgebermarke greifbar und sichtbar (vgl. Halek, P. 2009, S. 184). Vor dem Hintergrund der betrachteten Literatur und der undurchsichtigen Verwendung der Begrifflichkeiten werden folgende Schlagworte festgelegt und verwendet:

Die **Employer Value Proposition (EVP)**, die vergleichbar der Unique Selling Proposition aus dem Produktmarketing, das Alleinstellungsmerkmal des Arbeitgebers prägnant auf den Punkt bringt und global, für alle Zielgruppen Berechtigung erlangt.

Das **Employer Brand Promise (EBP)**, das dem Arbeitgebernutzenversprechen entspricht und sich im Detail an verschiedene Zielgruppen anpassen lässt. Es macht deutlich, welchen funktionalen und emotionalen Nutzen bestehende und zukünftige Mitarbeiter vom Arbeitgeber erwarten können, aber auch, was der Arbeitgeber von ihnen erwartet (vgl. Mosely, R. 2007, S. 131).

Die Unterscheidung in zwei Begriffe wurde hier gewählt, um sowohl einen einheitlichen Arbeitgeberauftritt im Rahmen der EVP zu gewährleisten, als auch zielgruppenspezifisch flexibel in der Ausgestaltung der EBP reagieren zu können. Das Alleinstellungsmerkmal findet in der Bezeichnung EVP Anwendung, da dieser Begriff gegenüber der Bezeichnung „Unique Employment Proposition" in der Literatur häufiger verwendet wird (siehe oben).

Auf der Basis der Arbeitgebereigenschaften, des aktuellen Arbeitgeberimages, der festgelegten Zielgruppen und deren Präferenzen sowie unter Berücksichtigung der Wettbewerber und der Markenstrategie des Unternehmens werden die EVP und die EBP herausgearbeitet. Diese bilden das Fundament für die Entwicklung oder Überarbeitung des Kreativ- und Kommunikationskonzepts der Employer Branding Kampagne (vgl. Trost, A. 2009, S. 18 f.).

Zusätzlich gilt es festzulegen, mit welchem Arbeitgeberbild das Unternehmen auftreten will, welches auch akustische, haptische sowie Geruchs- und Geschmacksbilder umfasst. Auch die Tonalität der Arbeitgebermarke spielt eine große Rolle bei der Positionierung. Die Tonalität reflektiert die Emotionen die mit der Arbeitgebermarke verknüpft werden auf der Basis der Markenpersönlichkeit und damit der Gesamtheit der menschlichen Eigenschaften die mit einer Marke verbunden werden (vgl. Esch/Tomczak/Kernstock/Langner 2006, S. 66 ff). Schließlich muss entschieden werden, welche Medien für welche Zielgruppen und für welchen Zweck zum Einsatz kommen sollen.

2.4.4 Umsetzung

Intern und extern wird die Employer Branding Kampagne so umgesetzt, dass sie glaubwürdig und nachhaltig ihre Wirkung entfalten kann. Dabei beeinflusst die interne Umsetzung maßgeblich die tatsächliche Arbeitgeberqualität, die für aktuelle und zukünftige Mitarbeiter erlebbar wird. Die externe Umsetzung tangiert insbesondere das Arbeitgeberimage und damit die Fremdwahrnehmung. Der Gestaltung der Kommunikationsmaßnahmen des externen Employer Brandings wird in diesem Kapitel mehr Aufmerksamkeit gewidmet. Dieser Fokus ergibt sich aus der zentralen Fragestellung der Arbeit und dem zu untersuchenden Anwendungsfeld des Employer Branding im Bereich der Social Media, worauf jedoch erst später im Detail eingegangen wird. An dieser Stelle soll jedoch erneut betont werden, dass der Leistungsumfang des Arbeitgebers zuerst umgesetzt sein sollte, bevor die Inhalte an die

Zielgruppen kommuniziert werden (Wiese 2005, S. 62). Darüber hinaus sollte die Gestaltung der Kommunikationsmaßnahmen in Anlehnung an die Corporate Identity erfolgen (siehe 2.3). Die Corporate Identity stellt das schlüssige Gesamtbild eines Unternehmens dar und besteht aus den Teilaspekten Corporate Communications, Corporate Design und Corporate Behaviour. Die Worte, die Taten und die Erscheinung des Unternehmens greifen dabei ineinander und sorgen für ein einheitliches und konsistentes Bild in der Wahrnehmung der Anspruchsgruppen (vgl. Birkigt/Stadler 1985, S. 23 ff.).

- Gestaltung der Arbeitgeberqualität

Da die Mitarbeiter maßgeblich an der Interaktion des Unternehmens mit der Außenwelt beteiligt sind und sich gerade dadurch das Markenerlebnis vollzieht, muss der internen Umsetzung der Employer Branding Kampagne eine hohe Bedeutung beigemessen werden (vgl. Beck, Ch. 2011, S. 20). Dabei dienen die EVP und EBP als Orientierung und Grundlage zur Anpassung der internen Kommunikation, der HR-Strukturen- und Prozesse sowie der Gestaltung der Arbeitswelt. Darüber hinaus müssen die Touchpoints im Rekrutierungspro- zess ebenfalls der Arbeitgebermarkenidentität angepasst werden (vgl. DEBA 2006c).

- Gestaltung der Kommunikation

Die Gestaltung der Kommunikation schließt die Lücke zwischen der Strategie des Employer Branding Konzepts und dessen Umsetzung in die Praxis. Dabei sollten psychologische Grundlagen des menschlichen Verhaltens berücksichtigt werden, die auch in der Konsumen- tenforschung ihre Anwendung finden. Bei der Gestaltung der Kommunikationsmaßnahmen sowie bei der Auswahl der Medien ist die Wahrnehmungssituation der Rezipienten zu be- rücksichtigen. Entscheidend ist dabei, welches Involvement bei der Zielgruppe beim Kontakt mit der Werbebotschaft vorherrscht und welche Aktivierungsmöglichkeiten bei der Gestal- tung der Kommunikation integriert werden können, um die explizite Aufmerksamkeit der Zielgruppe zu gewinnen. Es geht also nicht nur darum, ob die Kommunikationsbotschaft von der Zielgruppe trotz einer Fülle von Informationen wahrgenommen werden kann, sondern ob diese für die Zielgruppe relevant ist und die Botschaft gelernt werden kann. Dazu sollte die Kommunikationsbotschaft an bereits bestehende Motive der Zielgruppe mithilfe von entspre- chenden Codes anknüpfen können (siehe 2.3).

2.4.5 Kontrolle

Die Arbeitgebermarke stellt, analog zur Corporate Brand, einen immateriellen Vermögens- wert des Unternehmens dar. Marken gelten als Wertschöpfer und Triebkräfte des Unterneh- menswachstums, so dass die Investitionen in die Arbeitgebermarke systematisch gesteuert und kontrolliert werden müssen (vgl. Esch/Geus/Kernstock/Brexendorf 2006, S.314 ff.).

Besonders bei immateriellen Vermögenswerten wird die Messung meist vernachlässigt. Die für den Employer Branding Prozess Verantwortlichen müssen sich der Herausforderung stellen, die richtigen Zielgrößen zu erfassen um den Erfolg ihrer Employer Branding Maßnahmen messen zu können. Die Messung bzw. die Kontrolle der Zielerreichung bildet auch die Grundlage und Argumentationshilfe für Budgetverhandlungen (vgl. Rusin-Rohrig/Lake 2011, S. 47). Für die Bewertung des Erfolgs des Employer Branding bietet sich eine ganzheitliche Betrachtungsweise an die weniger auf monetären Kennzahlen beruht und sowohl nach innen, als auch nach außen messbar ist. Ein Konzept welches im Controlling und im Management eine ganzheitliche Betrachtungsweise voranstellt ist die Balanced Scorecard, die bereits 1992 von Norton und Kaplan entwickelt wurde. Im Rahmen der betrieblichen Leistungserstellung berücksichtigt sie nicht nur finanzielle Aspekte, sondern auch qualitative Faktoren wie die Markenbekanntheit, die Mitarbeitermotivation oder die Kundenzufriedenheit. Dieses Konzept wurde 2001 von Linxweiler auf die Marke als solche zugeschnitten, so dass nicht mehr die Perspektive der Gesamtorganisation eingenommen wurde, sondern die Perspektive des Marketings, wodurch die BrandScoreCard entstanden ist. Durch die BrandScoreCard können qualitative und finanzielle Defizite der Marke ergründet werden (vgl. Linxweiler, 2001). Sie beinhaltet eine Ergebnisperspektive, die die Shareholder des Unternehmens berücksichtigt, eine interne Perspektive, die Mitarbeiter sowie Prozesse und Strukturen betrachtet und eine Marktperspektive, die sich an den Kunden, den Handel und den Wettbewerb richtet (vgl. Esch, 2007, S. 533)

Die Kontrolle des Employer Branding Prozesses stellt die Effizienz und die Effektivität der Führung der Employer Brand sicher. Durch eine koordinierte Informationsversorgung, aufbauend auf der Planung und den Zielen der einzelnen Maßnahmen vollzieht sich die Erfolgskontrolle (vgl. Bruhn 2009, S. 294). Hier bietet es sich an, das Konzept der Brand Scorecard an die Anforderungen der Employer Brand anzupassen (vgl. Wiese 2005, S. 74). Folgend wird die Employer Brand Scorecard vorgestellt, mit deren Hilfe eine langfristige Führung der Arbeitgebermarke geplant, gesteuert und kontrolliert werden soll (vgl. Bruhn 2009, S. 304). Die Emolyer Brand Scorecard bildet die Ziele und deren Leistungs- bzw. Kontrollgrößen ab (vgl. Esch 2007, S. 532), sie kann jedoch je nach Arbeitgeber und Zielsetzung variieren.

ERGEBNISPERSPEKTIVE
Ziel: Employer of Choice

INTERNE PERSPEKTIVE		EXTERNE PERSPEKTIVE	
Mitarbeitergerichtet		**Bewerbergerichtet**	
Ziel:	Mögl. Maßgröße:	Ziel:	Mögl. Maßgröße:

• Bindung
• Commitment
• Marken-
  botschafter
	• Mitarbeiter-
	  zufriedenheit
	• Empfehlungen
	• Fluktuation
	• Krankenstand
		• Wahrnehmung
		  als attraktive
		  Arbeitgeber
		• Rekrutierung
		  v. Fach- und
		  Führungs-
		  kräften
			• Bekanntheit
			  mittels Recall
			  bzw. Rekogni-
			  tionstest
			• Zahl der Initia
			  tivbewerbungen
			• Social Media
			  Monitoring

Prozess- und Strukturgerichtet		**Wettbewerbsgerichtet**	
Ziel:	Mögl. Maßgröße:	Ziel:	Mögl. Maßgröße:

• Zuständigkeiten
• Kommuniaktion
• Prozesse und
  Kosten optimie-
  ren
	• regelmäßiges
	  Feedback
	• Reaktions-
	  zeiten der
	  Korrespondenz
	• Kosten-Nutzen-
	  Abwägungen
		• Differenzierung	• Arbeitgeber-
			  rankings
			• Polaritäten-
			  profil
			• Befragung v.
			  Kandidaten bei
			  Interview

Abb. 3: Employer Brand Scorecard
(eigene Darstellung in Anlehnung an Esch et al. 2006, S. 344 & Wiese 2005, S. 74)

Abbildung 3 zeigt die drei Perspektiven, die bei der Betrachtung des Employer Branding Prozesses eingenommen werden können. Die Ergebnisperspektive beschreibt das überge-ordnete Ziel, welches durch den Aufbau und die Führung der Arbeitgebermarke erreicht werden soll: Die Arbeitgeberpräferenz (Employer-of-Choice) bei allen relevanten Zielgrup-pen. „An employer of choice is therefore an organisation which top talent aspires to work for as a result of its reputation and employer brand message, both of which are tailored to ap-peal to the target audience." (Sutherland/Torricelli/Karg 2002, S. 14). Anschließend unter-scheidet man die interne Perspektive, die sich an die Mitarbeiter sowie an Prozesse und Strukturen richtet, und die externe Perspektive, die sich an potenzielle Bewerber und an den Wettbewerb richtet (vgl. Wiese 2005, S. 74). Die mitarbeitergerichtete, interne Perspektive kann unterschiedliche Ziele fokussieren. Dazu gehören die Mitarbeiterbindung und damit die Reduzierung der Fluktuation, die Sicherung des Engagements und die Loyalität der Mitarbei-ter. Als mögliche Maßgrößen bieten sich Tests zur Messung der Mitarbeiterzufriedenheit, z. B. die Partizipation am Great Place to Work Wettbewerb, die Erfassung der Fluktuation im Jahresvergleich und die Anzahl an Empfehlungen interner Mitarbeiter für die externe Stellenbesetzung. Die prozess-und strukturgerichtete, interne Perspektive eignet sich dafür zu kontrollieren, ob die Zuständigkeiten im Employer Branding Prozess klar definiert sind, die Kommunikation reibungslos funktioniert oder welche Prozesse und Kosten optimiert werden können (vgl. Esch/Geus/Kernstock/Brexendorf 2006, S. 344). Als mögliche Maßgrößen können dabei die Erhebung und Auswertung von Feedbacks hinsichtlich der Zusammenarbeit, der für den Employer Branding Prozess Verantwortlichen gelten (vgl. Wiese 2005, S. 74). Zusätzlich können die Reaktionszeiten im Bewerbermanagement erfasst werden um Optimierungspotenziale festzustellen. Als Maßgrößen können auch die Bewertung des Medieneinsatzes gelten hinsichtlich der Kosten und der Effizienz. Dabei lässt sich erfassen, wie viele Bewerbungen über welchen Zeitraum und über welchen Medienkanal das Unternehmen erreicht haben (vgl. Völke/Faber 2008, S. 24). Die Zielsetzung der wettbewerbsgerichteten, externen Perspektive ist die Differenzierung vom Wettbewerb (vgl. Wiese 2005, S. 74). Ob dies tatsächlich gelingt lässt sich durch die Befragung von Kandidaten bei Vorstellungsgesprächen ermitteln sowie durch die Platzierung bei Arbeitgeberrankings.

Auch die Erstellung eines Polaritätenprofils lässt die Positionierung als Arbeitgeber im Vergleich zum Wettbewerb ergründen (vgl. Petkovic 2008, S. 231 f.). Die bewerbergerichtete, externe Perspektive beleuchtet die Zielsetzung von potenziellen Bewerbern als attraktiver Arbeitgeber wahrgenommen zu werden (vgl. Wiese 2005, S. 74) und die Rekrutierung von geeigneten Fach- und Führungskräften zu erleichtern und sicherzustellen. Dazu kommen zahlreiche Maßgrößen in Frage. Dass ein Arbeitgeber als attraktiv bewertet werden kann setzt voraus, dass dieser überhaupt im Arbeitsmarkt bekannt ist. Dies lässt sich ermitteln durch so genannte Rekognitions- und Recalltests. Ein Rekognitionstest prüft z. B. die Wiedererkennung eines Arbeitgebers bei Vorlage einer bestimmten Auswahl (vgl. Moser/Döring 2008, S. 257). Der Recall-Test hingegen prüft ob sich der Proband an den Arbeitgeber aktiv erinnert (vgl. Sjurts 2011, S. 521). Durch die Messung des Employer Image (Arbeitgeberimages) kann man Rückschlüsse darauf ziehen, wie effektiv das Employer Branding gelungen ist bzw. wie gut der Transfer der Arbeitgeberidentität nach außen mithilfe der strategischen Positionierung gelungen ist.

Die Attraktivität eines Arbeitgebers auf dem Arbeitsmarkt zeigt sich im Employer Image (vgl. Andratschke/Regier/Huber 2009, S. 36 f.). Als Maßgröße lassen sich auch hier Arbeitgeberrankings und Polaritätenprofile auflisten um das Image als Arbeitgeber auf dem Arbeitsmarkt zu überprüfen (vgl. Petkovic 2008, S. 232). Durch die Anzahl und Qualität der eingehenden Initiativbewerbungen werden außerdem Rückschlüsse über die Sicherstellung des Rekrutierungsbedarfs möglich. Kununu, das online Arbeitgeberbewerbungsportal ist ebenfalls geeignet um sich kritisch mit dem Arbeitgeberimage auseinanderzusetzen. Arbeitnehmer haben hier die Möglichkeit ihren Arbeitgeber öffentlich aber anonym zu bewerten (vgl. kununu, o.

A.). Die Attraktivität als Arbeitgeber lässt sich auch mittels Social Media Monitoring erschließen. Dieses umfasst die Beobachtung von Diskussionen und Meinungsbildung im Social Web sowie die Erhebung und Analyse von Daten der Internet User, die sich aus ihrem Kommunikationsverhalten ergeben (vgl. Brauckmann, P. 2010, S. 50). Die Pagerank, die Anzahl und Besuchszeit der Interessenten auf bestimmten Unternehmensseiten, die Zahl der Fans und Follower in sozialen Netzwerken sowie das Engagement von Bloggern und Teilnehmer in Foren können Aufschluss über die Attraktivität als Arbeitgeber geben (vgl. Kästner 2010, S. 14). Auf das Social Media Monitoring wird in Kapitel 3.3.1 näher eingegangen.

2.5 Das Employer Branding im Unternehmenskontext

Vor dem Hintergrund der betrachteten Literatur scheint es sinnvoll, Employer Branding als ein Konzept zu betrachten, welches sich umfassend in den Unternehmenskontext einbinden lässt. Es kann übergeordnet als Kern aller intern wie extern unternehmensrelevanten Maßnahmen und Entscheidungen betrachtet werden, die sich auf die Positionierung als attraktiver Arbeitgeber auswirken können. Ein Employer Branding Prozess steht in Wechselwirkung mit unterschiedlichen Unternehmensbreichen wodurch Synergieeffekte nutzbar gemacht werden können. Folgend werden die in der Abbildung 4 dargestellten Funktionsbereiche eines Unternehmens erläutert, die im Idealfall als gemeinsamen Bezugspunkt auch eine Ausrichtung an der Employer Brand aufweisen.

Abb. 4: Das Employer Branding im Unternehmenskontext
(eigene Darstellung)

Das **Human Resource Management (HRM)** ist die angelsächsische Bezeichnung von Personalmanagement, welches definiert ist als die „Summe personeller Gestaltungsmaßnahmen zur Verwirklichung der Unternehmensziele." (Bartscher 2010). Die Ansiedlung des Employer Branding im HRM kann auf Basis der Begriffsdefinition der DEBA als allgemeingültig verstanden werden. Das Employer Branding trägt dazu bei, die Passung zwischen dem Unternehmen und den potenziellen und bestehenden Mitarbeitern sicherzustellen, indem die Personalsuche-, Auswahl –und Entwicklung die Unternehmenskultur und Arbeitgeberidentität

29

mitberücksichtigen. Die Personalentwicklung, insbesondere die Führungskräfteentwicklung sollte sich ebenfalls an den Maßstäben der Arbeitgeberidentität orientieren. Insbesondere Führungskräfte sind dafür verantwortlich ihre Mitarbeiter entsprechend der Unternehmenskultur zu führen und ihnen die Unternehmensstrategie und Ziele zu vermitteln. Durch ihre Vorbildfunktion haben sie einen großen Einfluss auf die Mitarbeiter und können somit die Arbeitgeberidentität sowie das Arbeitgeberimage aktiv mitgestalten.

Fauth, Müller und Straatmann betrachten Employer Branding als Schnittstelle zwischen Marketing und Organisationsentwicklung, da Erhebungsmethoden der **Organisationsdiagnose- und Entwicklung** zur Erfassung der Arbeitgeberidentität beitragen können. Die Brücke zum Marketing bzw. **Markenmanagement** schlägt das Employer Branding durch die Unterscheidung von Arbeitgebermarkenidentität und Arbeitgebermarkenimage (vgl. Fauth/ Müller/Straatmann 2011, S.28). Für das Management der Employer Brand, als Teilaspekt der Corporate Brand gilt gleichermaßen, dass es komplexer und langfristiger angesetzt ist als das Management einer Produktmarke, da die Anforderungen der unterschiedlichen Stakeholder auf einer ganz anderen Wahrnehmung beruhen als für Konsumenten, und dadurch auch die Kommunikation anspruchsvoller und ganzheitlicher erfolgen muss (vgl. Sutherland/Torricelli/Karg 2002, S. 14). Eine Verbindung zum Produktmarketing stellt Mosley her. Auch er fordert eine ganzheitliche Betrachtungsweise des Branding Gedankens und betont die Einbettung der Employer Brand in die Corporate Brand. Auch Produktmarken haben im Rahmen des Markenmanagements eines Unternehmens einen Einfluss auf die Employer Brand (vgl. Mosley 2007, S. 130 f.). Eine starke Produktmarke kann sich auch auf das Arbeitgeberimage und somit auf die Arbeitgeberattraktivität auswirken. Insbesondere in beliebten Branchen wie z. B. der Automobil- oder Bekleidungsmittelbranche profitiert man von starken Produktmarken, indem sich daraus direkt die Arbeitgebermarkenidentität ableiten lässt (vgl. Fauth/Müller/Straatmann 2011, S. 30). Puma machte sich zum Beispiel die zunehmende Attraktivität der Produktmarke zu Nutze. Ohne klar differenzierte Arbeitgebermarke, sondern durch Überlagerungseffekte der Produktmarke, in deren Positionierung man viel investiert hatte, stieg die Anzahl der eingehenden Bewerbungen stark an. Daraus hat sich indirekt eine Arbeitgebermarke entwickelt die mit den Werten der Produktmarke assoziiert wird und auch international ein homogenes Markenbild entstehen ließ. Auch wenn das auf den ersten Blick sehr vorteilhaft erscheint birgt die starke Koppelung der Arbeitgebermarke an die Produktmarke auch einige Risiken. Beispielsweise ist das Unternehmen gefordert auch nach innen das Bild zu repräsentieren, welches nach außen vermittelt wird. Es besteht außerdem eine starke Abhängigkeit, da ein Verlust in der Attraktivität der Produktmarke automatisch ein Verlust der Arbeitgeberattraktivität nach sich ziehen kann (vgl. Bismarck 2009, S. 289 f.).

Andratschke et al. betrachten Employer Branding als Verbindung zwischen HR-Management, Marketing und interner Kommunikation (vgl. Andratschke/Regier/Huber 2009, S. 125 & Barrow/Mosley 2006, S. 210). Die interne Kommunikation ist ein Teilbereich der **Unternehmenskommunikation (Corporate Communications)** innerhalb der Corporate Identity (vgl. Esch, Gabler Verlag (Herausgeber), Gabler Wirtschaftslexikon, Stichwort: Corporate Communication, online). Durch die interne Kommunikation werden die Werte und die Philosophie des Unternehmens für die Mitarbeiter erlebbar und der Aufbau der Arbeitgebermarke wird im Unternehmen verankert.

Die Planung und Durchführung eines Employer Branding Konzepts sollte folglich nicht nur in den Personalabteilungen angesiedelt werden. Experten der verschiedenen Fachbereiche sollten insbesondere bei der Planung und Führung der Employer Brand eine Task Force bilden, also eine Art Projektgruppe. Dadurch können Erkenntnisse der unterschiedlichen Fachabteilungen zusammenfließen, so dass ein einheitliches und ganzheitliches Verständnis der Employer Brand im Unternehmen begünstigt wird und Synergieeffekte ausgeschöpft werden können.

2.6 Erfolgsfaktoren des Employer Branding

2.6.1 Ermittlung und Auswahl der Erfolgsfaktoren

„Erfolgsfaktoren sind Variablen der Aufgabenumwelt sowie unternehmensinterne Determinanten, die den langfristigen Erfolg einer Unternehmung nachhaltig beeinflussen." (Benkenstein/Uhrich 2009, S. 98). Es lassen sich quantitative Erfolgsfaktoren wie z. B. Preise und Marktanteile unterscheiden sowie qualitative wie z. B. die Unternehmenskultur oder der Führungsstil (vgl. Benkenstein/Uhrich 2009, S. 98). Dieses Kapitel gibt Aufschluss darüber, welche Faktoren für den Erfolg des Employer Branding ausschlaggebend, und durch das Unternehmen bzw. das Management beeinflussbar sind.

Die Zusammenstellung der Erfolgsfaktoren folgt der Prämisse qualitative Determinanten darzustellen die beeinflussbar sind und in allen Branchen Gültigkeit besitzen. Unternehmensspezifisch individuell ist jedoch die Gewichtung der einzelnen Erfolgsfaktoren vorzunehmen, entsprechend der defizitären Stellschrauben (vgl. Kleinhückelskoten/Schnetkamp 1989, S. 264). So soll dem Vorschlag der Autoren gefolgt werden, die ermittelten Erfolgsfaktoren nicht als Erfolgsmaßstäbe zu verstehen, sondern als Handlungsempfehlungen und Denkweise, die Managemententscheidungen den Aufbau und die Führung einer Employer Brand betreffend, erleichtern und fundieren.

Die Erfolgsfaktoren des Employer Branding haben wissenschaftlich bislang nur wenig Beachtung erhalten. In diesem Zusammenhang ist die Studie von Moroko und Uncles von 2008 erwähnenswert, die Experten in verschiedenen Branchen aus den Bereichen HR, Marketing und der Unternehmenskommunikation in Tiefeninterviews befragt hatten, welche Merkmale erfolgreiche Employer Brands aufweisen. Die Evaluation und Interpretation der qualitativen Interviews ergab zwei erfolgsentscheidende Dimensionen: Die Attraktivität (attractiveness) und die sorgfältige Umsetzung bzw. Genauigkeit (accuracy). Moroko und Uncles bieten mittels dieser Dimensionen ein Schema an, anhand dessen der Erfolg einer Employer Brand bewertet werden kann (vgl. Moroko, Uncles 2008, S. 160). Diese Studie ist für die Ermittlung der Erfolgsfaktoren des Employer Branding nur bedingt von Bedeutung, da sie sich auf bereits etablierte Employer Brands fokussiert. Der Ausgangspunkt der Betrachtungen im Rahmen der Untersuchung sind hier die Erfolgsfaktoren des Employer Brandings, also die erfolgsentscheidenden Determinanten beim Aufbau und der Führung der Employer Brand. Das Hauptaugenmerk der Betrachtung liegt auf dem externen Employer Branding, obwohl die Erfolgsfaktoren intern gleichermaßen gelten. Dadurch sollen die Erfolgsfaktoren sowohl auf unterschiedliche Unternehmen und Branchen Anwendung finden, als auch auf jede Ausgangslage eines Unternehmens nützlich sein. Petkovic hat Erfolgsprinzipien des Employer Branding basierend auf dem Entscheidungsverhalten der Zielgruppe ermittelt (vgl. Petkovic 2008, S. 242).

Die undifferenzierte Übernahme dieser Erfolgsprinzipien als Grundlage für die Zielsetzung dieser Studie zeigt sich als wenig sinnvoll, da sich Petkovic in seiner Untersuchung überwiegend auf das externe Employer Branding bezieht und damit auf die Rekrutierung von Fach- und Führungsnachwuchs (vgl. Petkovic 2008, S. 4). Nagel ermittelt Erfolgsfaktoren des Employer Branding, die insbesondere die praktische Umsetzung erleichtern sollen und nimmt damit eher eine Mikroperspektive ein, die den Employer Branding Prozess dabei im Detail beleuchtet (vgl. Nagel 2011, S. 55). Da das Employer Branding hauptsächlich in der Theorie der Markenbildung und dem Marketing verwurzelt ist erscheint es sinnvoll, die Literatur zu den Erfolgfaktoren des strategischen Marketings näher zu betrachten. Im Bereich des strategischen Marketings gibt es zahlreiche Forschungsansätze und Denkschulen, die auf unterschiedliche Faktoren Wert legen und sich sogar zum Teil widersprechen (vgl. Kleinhückelskoten/Schnetkamp 1989, S. 270). Diese Konzepte lassen sich auch nicht als Ganzes auf das Employer Branding übertragen. Vielmehr zeigen sich innerhalb der Denkschulen Einzelaspekte, die auf das Konzept des Employer Branding übertragbar sind. Die Ermittlung und Auswahl der Erfolgsfaktoren erfolgte mittels der Sichtung der vorherrschenden Literatur und unter Einhaltung folgender Kriterien:

- Es handelt sich um qualitative und vom Unternehmen und Management beeinflussbare Erfolgsfaktoren.

- Der Zusammenhang zwischen dem Erfolgsfaktor und dem Unternehmenserfolg muss transparent und unumstritten sein. Folglich ist er nachvollziehbar, kontrollier- und steuerbar (vgl. Kleinhückelskoten/Schnetkamp 1989, S. 271).

2.6.2 Glaubwürdigkeit und Authentizität

Glaubwürdigkeit und Authentizität sind maßgeblich für den erfolgreichen Aufbau und die Führung der Arbeitgebermarke entscheidend. Die Glaubwürdigkeit setzt unmittelbar an der vertrauensbildenden Arbeitgebermarkenfunktion an (siehe auch 2.1.2). Als potenzieller Bewerber, aber auch als Mitarbeiter, möchte man davon ausgehen, dass der Arbeitgeber hält was er verspricht und das Risiko enttäuscht zu werden gering ist (vgl. Biel 2000, S. 69 & Esch 2007, S. 23f). Mit dem Unternehmenseintritt eines neuen Mitarbeiters gehen beide Parteien neben eines rechtlichen auch einen so genannten "psychologischen Vertrag" ein. Dieser beschreibt die gegenseitigen impliziten Erwartungen und Verpflichtungen des Arbeitgebers und des Arbeitnehmers bei Vertragsabschluss. Dies sind z. B. seitens des Arbeitgebers die Loyalität und das Engagement seines Mitarbeiters, auf Seiten des Arbeitnehmers die Erfüllung des Arbeitgebernutzenversprechens, das so genannte Employer Brand Promise durch den Arbeitgeber, wie. z. B. Karriere -und Entwicklungsmöglichkeiten oder Work-Life-Balance Angebote. Wird der psychologische Vertrag vom Arbeitgeber nicht eingehalten, ist er in den Augen des Mitarbeiters nicht glaubwürdig, wodurch die Motivation des Mitarbeiters, die Produktivität und die Loyalität negativ beeinflusst werden sowie die Fluktuation begünstigt wird (vgl. McKenna 2000, S. 299 f. & Forster/Erz/Jenewein 2009, S. 284).

Um dies zu vermeiden muss das Selbstbild des Arbeitgebers mit dem Fremdbild des Arbeitgebers und dem kommunizierten Employer Brand Promise übereinstimmen. „Employees have so many interactions with the firm at so many levels over such a long period, and they invest so much (functionally, economically and psychologically) in the employment experience, that any gaps between the perceived brand promise and the experience become starkly evident." (Moroko/Uncles 2008, S. 165). Die Studie von Andratschke, Regier und Huber zum Informationsverhalten von Studierenden bestätigt die Annahme, dass sich Arbeitgeber über alle Unternehmensbereiche hinweg um eine homogene Innen- und Außenwahrnehmung bemühen sollten, um ein gutes und glaubwürdiges Arbeitgeberimage aufzubauen. Informationen über potenzielle Arbeitgeber beziehen Studenten neben der Unternehmenshomepage auch über Freunde, Stellenanzeigen, persönliche Erfahrungen und Mitarbeiter des Unternehmens. Daraus lässt sich die Notwendigkeit ableiten, die Führung der Arbeitgebermarke von innen nach außen auszurichten (vgl. Andratschke/Regier/Huber 2009, S. 115 & 120). Für die in der Unternehmenspraxis oft existierende Diskrepanz zwischen dem Selbst- und Fremdbild der Arbeitgeber können verschiedene Gründe herangezogen werden.

Zum einen liegt das daran, dass die Arbeitgeberidentität meist nur theoretisch festgeschrieben ist, anstatt real im Unternehmen gelebt zu werden. Darüber hinaus wird der zeitliche und organisatorische Aufwand der Umsetzung des Employer Branding Konzepts unterschätzt oder es erfolgt keine Kontrolle der Maßnahmen um bei einer Fehlentwicklung gegensteuern zu können (vgl. Esch 2006, S. 99).

Daraus lässt sich schließen, dass das Unternehmen gefordert ist in der Analysephase nicht nur die Stärken als Arbeitgeber zu betrachten, sondern sich auch die Schwächen einzugestehen. Darauf aufbauend sollte der Arbeitgeber entweder zu seinen Schwächen stehen und damit authentisch bleiben oder sukzessive anhand entsprechender interner Maßnahmen nachjustieren und sie langfristig in die Unternehmenskultur einzubetten versuchen. Darüber hinaus spielen auch Bewerber und Interessenten die nicht im Unternehmen eingestellt werden eine wichtige Rolle. Über alle Touchpoints im Bewerbungsprozess hinweg ist es von Bedeutung, dass der Arbeitgeber glaubwürdig auftritt und einen wertschätzenden Umgang pflegt. Vom ersten Kontakt, über das Vorstellungsgespräch, das Assessment Center bis hin zu den Vertragsverhandlungen oder der Absage wird ein bestimmtes Bild vom Arbeitgeber vermittelt, welches auch die Kommunikation der Bewerber und Interessenten im Nachhinein bestimmt (vgl. Quenzler 2009, S. 196).

Ein weiterer wichtiger Aspekt der die Glaubwürdigkeit als Arbeitgeber maßgeblich beeinflusst sind die bereits bestehenden Mitarbeiter. Dieser Fokus wird in der Praxis in der Regel etwas vernachlässigt, obwohl enorme Synergieeffekte auszuschöpfen sind (vgl. DEBA 2010, S. 14 & Bruhn 2008, S. 160). Die Mitarbeiter haben einen großen Einfluss auf die Arbeitgebermarkenbildung, da sie die Wahrnehmung außerhalb des Unternehmens und damit das Image des Arbeitgebers prägen. Im Kontakt mit Kunden oder in ihrem privaten Umfeld können sie als "Markenbotschafter" dazu beitragen, den Kern der Arbeitgebermarke nach außen zu transportieren (vgl. Bruhn 2008, S. 160). Besonders wichtig ist deshalb, dass Arbeitgeber langfristige Beziehungen zu ihren Mitarbeitern aufbauen und pflegen. Als Grundlage für die Beziehung der Mitarbeiter zur Arbeitgebermarke ist das Markenwissen anzusehen. Durch die interne Kommunikation sollte ein Verständnis der Arbeitgebermarke gefördert werden und ihr Beitrag zum Unternehmenserfolg verständlich vermittelt werden (vgl. Bruhn 2008, S. 174). Gilt es die Employer Brand im Unternehmen erst aufzubauen, empfiehlt es sich die Mitarbeiter in den Findungsprozess miteinzubeziehen, um die Identifikation der Mitarbeiter mit dem Unternehmen zu fördern (vgl. Bode/Adrion 2009, S. 181).

Die Entscheidung des Bewerbers ein Vertragsangebot anzunehmen oder nicht ist ebenfalls geprägt von der Glaubwürdigkeit des Arbeitgebers. Aufgrund des hohen Involvements des Bewerbers sucht er Informationen zum Arbeitgeber aktiv und hinterfragt sie in der Regel

kritisch, so dass es für das präferierte Unternehmen entscheidend wird, ob das Arbeitgeberimage mit der Arbeitgeberidentität tatsächlich übereinstimmt (siehe dazu auch Kapitel 2.3.3).

2.6.3 Zielgruppenfokus

Der Fokus auf die Zielgruppen des Employer Branding Konzepts ist ein entscheidender
Erfolgsfaktor. „Für ein Schiff, das seinen Hafen nicht kennt, weht kein Wind günstig" (Sene-
ca). Unterschiedliche Zielgruppen unterscheiden sich in ihren Präferenzen. Auch wenn sich
einige Präferenzen überschneiden ist es von großer Bedeutung, dass sich das Unternehmen
darüber im Klaren ist, welche unterschiedlichen Zielgruppen angesprochen werden sollen.
Demnach sollten die Employer Value Proposition (EVP) und die Employer Brand Promise
(EBP) an die Bedürfnisse der Zielgruppen angepasst werden, bzw. relevant für die avisierte
Zielgruppe sein. Die inhaltliche Fokussierung auf Themen die klar verständlich und gut
kommunizierbar sind erleichtern dabei den Zugang zur Zielgruppe (vgl. Trost 2009, S. 126).
Gewisse Gemeinsamkeiten bei den Präferenzen lassen sich in Bezug auf die Studienrich-
tung oder die Generation feststellen. Trost betont z. B. die Anforderungen der Generation Y,
die mit dem Medium Internet aufgewachsen ist und andere Anforderungen an einen Arbeitgeber stellt als die vorherige Generation X beispielsweise (vgl. Trost 2009, S. 20 f.). Auf
Grundlage der Schlüssel- und Engpassfunktionen eines Unternehmens erfolgt die Definition
der Zielgruppen, da bestimmte Funktionen einen Wettbewerbsvorteil für das Unternehmen
darstellen können. Es stellt sich auch die Frage der Verfügbarkeit von Kandidaten für bestimmte Positionen, nicht nur um akut vakante Stellen zu besetzen, sondern um auch den
zukünftigen Bedarf zu ermitteln um Engpässe zu vermeiden (vgl. Trost 2009, S. 26). Hier gilt
des auch zu berücksichtigen in welcher Phase der Arbeitsplatzwahl sich potenzielle Bewerber befinden, da sich dadurch auch Zielgruppen identifizieren lassen auf der Basis ihres
Informationssuchverhaltens und damit ihres Involvements (siehe auch   in Kapitel 2.3.3,
Präferenzbildungsprozess). In Abhängigkeit davon können dann die Auswahl und die Gestaltung der einzusetzenden Kommunikationsmedien erfolgen.

Bei der Auswahl von Kandidaten im Rekrutierungsprozess erweist sich ein hoher Personen-
Markenidentitäts-Fit[2] als sehr sinnvoll. Ein hoher Personen-Markenidentitäts-Fit zeigt sich
dadurch, dass sie (…) „bereits vor Eintritt in die Organisation eine hohe Kongruenz   zwischen ihrer persönlichen Identität und der Markenidentität haben." (Burmann/Maloney 2008,
S. 80). Dies hat verschiedene Vorteile. Im Hinblick auf die Rekrutierung von Fach-und Führungskräften gelingt es besser Bewerber anzuziehen und zu selektieren, deren persönliche
Werte zu den Werten der Arbeitgebermarkenidentität passen und dadurch die Markenidenti-

---

[2]   Auch „Cultural Fit" genannt, siehe DEBA 2006a

fikation zu begünstigen. Darüber hinaus wird der Aufbau von Brand Commitment nach Eintritt in das Unternehmen erleichtert (vgl. Burmann/Maloney 2008, S. 80). Unter Brand Commitment versteht man hier die psychologische Verbundenheit der Mitarbeiter gegenüber der Arbeitgebermarke mit dem Ziel ein Mitarbeiterverhalten zu fördern, welches konsistent zur Markenidentität ist (vgl. Burmann/Zeplin 2005, S. 120). Eine identitätskonforme Selektion der Kanditaten setzt voraus, dass die Zielgruppen im Voraus detailliert ermittelt werden. Die Markenidentität kann bereits vorab auf der Unternehmenshomepage oder Karriereseite mittels Storytelling als Video wirkungsvoll vermittelt werden, so dass die Interessenten besser entscheiden können ob sie zum Unternehmen passen und vice versa. „Stories and myths about how the organization dealt with key competitors in the past, how it survived a downtown in economy, how it developed a new and exciting product, how it dealt with a valued employee, and so on, not only spell out the basic mission and specific goals (and thereby reaffirm them) but also reaffirm the organization's picture of itself, its own theory of how to get things done and how to handle internal relationships. " (Schein 1985, S. 80).

2.6.4 Emotionalisierung und Differenzierung

Ein Erfolgsfaktor der sowohl für das Produkt Branding als auch für das Employer Branding gilt ist die Differenzierung vom Wettbewerb. Das ist in der Praxis gar nicht so einfach, da viele Arbeitgeber sehr homogene Leistungen anbieten und sich auf dem Papier in ihrer Kultur nur wenig unterscheiden (vgl. Moroko/Uncles 2008, S. 164 f.). Die Auswertung der Untersuchung zum Employer Branding von Andratschke et al. ergibt, dass die Personifizierung des Arbeitgebers zur Emotionalisierung und Differenzierung beiträgt. Auch Vertrauen und Loyalität werden bei der Zielgruppe erreicht indem die Humanisierung der Employer Brand die Identifikation erleichtert (vgl. Andratschke/Regier/Huber 2009, S. 121). Eine emotional ansprechende Kommunikation wird erwiesenermaßen stärker beachtet, die gesendeten Informationen intensiver verarbeitet und besser erinnert. Des Weiteren werden durch die Emotionalisierung der Kommunikation positivere Einstellungen gegenüber dem Arbeitgeber gefördert und eine deutlichere Differenzierung ermöglicht (vgl. Rosenstiel/Neumann 2002, S. 220). Darüber hinaus ist der in Kapitel 2.3.3 dargestellte Ansatz der emotionalen Konditionierung empfehlenswert, um durch einen Lernprozess die Differenzierung vom Wettbewerb zu begünstigen.

Viele Arbeitgeber, insbesondere Großunternehmen unterscheiden sich nicht wesentlich in den Leistungen, die sie ihren aktuellen und potenziellen Mitarbeiter anbieten. In Anlehnung an Vershofen lässt sich der gestiftete Nutzen des Arbeitgebers in einen Grundnutzen und einen Zusatznutzen untergliedern. Zum Grundnutzen zählen z. B. ein sicherer Arbeitsplatz, Weiterbildungsmöglichkeiten und Work-Life-Balance Angebote. Der Zusatznutzen befriedigt

36

hingegen geistig-seelische Bedürfnisse, die für die Zielgruppe den entscheidenden Unterschied zum Wettbewerb ausmachen können. Dazu gehören z. B. der Prestigewert des Unternehmens oder die Möglichkeit zu persönlicher Entfaltung (vgl. Vershofen 1959, S. 86 ff.). Der Zusatznutzen für potenzielle Bewerber entfaltet sich auch dadurch, dass der vermittelte Zusatznutzen an relevante Motive der Zielgruppe anknüpft. Dabei zeigte sich in Kapitel 2.3.3, dass die Auswahl der Codes zur Anknüpfung an die Motive der Zielgruppe eine weitere Möglichkeit darstellt sich von anderen Arbeitgebern zu unterscheiden.

2.6.5 Einbindung der Unternehmensspitze

Der Erfolg beim Aufbau und der Führung der Arbeitgebermarke hängt massiv von Unterstützung der obersten Führungsebene ab, dem Management (vgl. Beck 2011, S. 20 & Andratschke et al 2011, S. 126). Der Unternehmensführung obliegen dabei wichtige Funktionen, z. B. die Ableitung der Employer Brand aus der Corporate Identity (unternehmensübergreifendes Leitbild), die Schaffung der organisatorischen Voraussetzungen und die Festlegung der Ziele und des Budgets (vgl. Wiese 2005, S. 78). Insbesondere um die Verbindlichkeit des Employer Branding Prozesses zu verdeutlichen und um sich die Unterstützung der Mitarbeiter zu sichern, sollte die Unternehmensspitze von Beginn an ihr Commitment bekunden und auch aktiv den Prozess begleiten (vgl. Kriegler 2011). Die Einbeziehung aller Managementebenen in das Employer Branding sichert, dass alle Fähigkeiten und Ideen in der Organisation genutzt werden und die Umsetzung erleichtert wird. Darüber hinaus sollten die Führungskräfte aller Funktionalbereiche für das Employer Branding sensibilisiert werden, da dadurch Scheuklappendenken verhindert wird und neue Sichtweisen den Prozess bereichern können (vgl. Kleinhückelskoten/Schnetkamp 1989, S. 273). Die Manager eines Unternehmens gelten dabei nach innen und außen als wichtigste Markenbotschafter, da sie in ihrer Kommunikation und in ihrem Verhalten die Employer – und Corporate Brand repräsentieren (vgl. Kriegler 2010, S. 14). „Core values and competencies can be seen as a framework for governing the everyday experience of employees through the communication and behaviour of their immediate line managers and corporate leaders" (Mosley 2007, S. 31).

2.6.6 Kontinuität und Konsistenz

Eine Marke entsteht durch ein Bündel an Marketingmaßnahmen die im Laufe der Zeit durchgeführt werden und den Erfahrungen die sich für die Konsumenten daraus ergeben. Demnach ist Markenführung das Management aller Maßnahmen zur Planung, Durchführung und Kontrolle einer Marke (vgl. Meffert, Burmann, Koers, 2005, S. 8). Bei der Führung der Employer Brand sollte die Arbeitgeberidentität sowie die Gestaltung der Kommunikation in

Anlehnung an das Markenmanagement folgende Merkmale aufweisen: Konsistenz und Kontinuität.

Die Konsistenz der innen- und außengerichteten Kommunikation sollte gewährleistet werden, um Widersprüche im Arbeitgeberauftritt zu vermeiden (vgl. Baumgarth 2001, S. 22 f.). Auch Homburg und Krohmer betonen die Notwendigkeit eines einheitlichen Erscheinungsbildes über alle Kommunikationskanäle hinweg (vgl. Homburg/Krohmer 2009, S. 620). In der Umsetzung ist dabei zum Einen auf die formale Integration der Kommunikation zu achten. Dazu gehören formale Gestaltungsrichtlinien des Corporate Design, wie z. B. das Markenzeichen, Farben, Schriftarten oder Formen. Zum anderen ist auch auf eine inhaltliche Integration der Kommunikation zu achten, wie z. B. spezifische Positionierungsinhalte, Schlüsselbilder, Kernbotschaften und Slogans. Durch die konsistente Integration der Kommunikation über alle Kanäle hinweg werden Lernprozesse zum Aufbau von Gedächtnisvorstellungen für die Employer Brand bei der Zielgruppe gefördert. Des Weiteren haben Bilder nachweislich eine höhere Integrationswirkung als Texte. Zum Aufbau und zur Stärkung der Bekanntheit der Employer Brand sind insbesondere formale Gestaltungsmittel zu empfehlen. Das Arbeitgeberimage lässt sich primär über inhaltliche Gestaltungsmittel transportieren (vgl. Esch/Hardiman/Mundt 2006, S 240 ff.).

Die **Kontinuität** hingegen spielt z. B. bei der Positionierung der Employer Brand eine große Rolle, da sich die Arbeitgeberidentität erst über einen gewissen Zeitraum hinweg aufbaut (vgl. Baumgarth 2001, S. 22). Aus diesem Grund ist es auch nicht zu empfehlen die strategische Grundrichtung des Employer Branding laufend zu verändern (vgl. Kleinhückelskoten/Schnetkamp 1989, S. 273). Auch die zeitliche Integration der Kommunikation ist zu beachten, da viele konsistente Wiederholungen notwendig sind um klare Vorstellungsbilder der Employer Brand aufzubauen. Es ist zu gewährleisten, dass die Zielgruppe auf die gelernten Vorstellungsbilder der Employer Brand leichter zurückgreifen kann, indem für eine kontinuierliche Auffrischung der Kommunikationsinhalte gesorgt wird.

Damit die Employer Brand bei der avisierten Zielgruppe erfolgreich aufgebaut wird, bedarf es gemäß der kognitiven Lerntheorien einer bestimmten und konstanten Anzahl an Wiederholungen der Kommunikationsbotschaft. Petkovic empfiehlt Employer Branding Maßnahmen deshalb vor allem konjunkturunabhängig zu nutzen, da in den Pausen der Bekanntheitsgrad des Arbeitgebers sinken kann und das Arbeitgeberprofil aufgeweicht wird. Ebenfalls betont Petkovic die nachgewiesene Korrelation zwischen der Bekanntheit und der Attraktivität eines Arbeitgebers (vgl. Petkovic 2008, S. 242 ff.).

3 Grundlagen der Social Media

Dieses Kapitel ergründet wesentliche Grundlagen der Social Media, die für die Unternehmenspraxis bzw. für das Employer Branding relevant sind. Zunächst wird der Begriff Social Media definiert und dessen Entstehung erläutert. Anschließend wird ermittelt, wie Social Media die externe Umsetzung des Employer Branding ergänzen kann und für welche Zielsetzungen sie sich am besten eignen. Dies wird anhand ausgewählter Social Media veranschaulicht. Schließlich werden Social Media Tools vorgestellt die im Unternehmenskontext von besonderer Relevanz sind, da sie die Nutzung und den Umgang mit den Social Media optimieren.

3.1 Social Media – Entwicklung und Abgrenzung

Social Media „(...) ist ein Sammelbegriff für internet-basierte mediale Angebote, die auf sozialer Interaktion und den technischen Möglichkeiten des sog. Web 2.0 basieren. Dabei stehen Kommunikation und der Austausch nutzergenerierter Inhalte (User-Generated Content) im Vordergrund." (Sjurts 2011, S. 571). Der Begriff "Web 2.0" wurde 2004 von Dougherty und Cline ins Leben gerufen und endgültig durch den Artikel „What is Web 2.0" von Tim O'Reilly in Wissenschaft und Praxis etabliert (vgl. O'Reilly 2005, S. 1). In der Literatur existieren unterschiedliche Definitionen zum Web 2.0, so dass eine trennscharfe Einordnung des Begriffs unmöglich wird. Auch Web 2.0 und Social Media werden teilweise synonym verwendet. Folgend wird Web 2.0 als ein Begriff verstanden, der verschiedene technologische, soziale und ökonomische Entwicklungen des Internets zusammenfasst (vgl. Messerschmidt/Berger/Skiera 2010, S. 13). Die rasante Weiterentwicklung des Internets als Voraussetzung multimedialer Dienste ermöglicht heute eine hohe Datenübertragungsgeschwindigkeit trotz großer Datenmengen, eine verbesserte Anwendbarkeit durch die Miniaturisierung im Hardwarebereich und alles zu minimalen Kosten. Die Einführung von Flatrates ermöglicht den kostengünstigen Austausch von Datenmengen ohne zeitliche Begrenzung (vgl. Kollmann 2007, S. 15 f.). Die Anwendungen und Technologien des Web 2.0 haben die Nutzerfreundlichkeit des Internets erhöht, so dass die Nutzer die Inhalte nicht mehr nur konsumieren, sondern selbst zum Sendemedium geworden sind (vgl. Bernauer 2011, S. 17). Unter anderem sind folgende Merkmale für Web 2.0 Anwendungen charakteristisch (vgl. Möhlenbruch/Dölling/Ritschel 2008):

*   Nutzbarmachung kollektiver Intelligenz
*   Inhalte werden dynamisch erzeugt durch die Eingabe der Nutzer
*   Inhalte und Layouts sind personalisierbar

- Nutzer können selbst Inhalte erstellen, mit anderen kommunizieren und Beiträge kommentieren

- Ein Gefühl der Zusammengehörigkeit entsteht durch die gemeinsame Nutzung

Informationen werden somit geteilt, kommentiert, erweitert und vernetzt. Social Media sind dem Web 2.0 zuzuordnen und beschreiben Anwendungen die die Kommunikation in Netzwerken unterstützen und nicht explizit die technologischen Voraussetzungen, die dafür erforderlich sind. Zu den Social Media zählen unter anderem somit Blogs, Wikis, Soziale Netzwerke oder Communities, Instant Messenger, Bewertungsplattformen, Podcasts und YouTube (vgl. Messerschmidt/Berger/Skiera 2010, S. 13).

Im Kontext des Employer Branding und vor dem Hintergrund des Markenmanagements stellen Social Media Kommunikationsinstrumente dar, welche unter anderem neben Messen, klassischer Werbung oder Sponsoring eingesetzt werden können (vgl. Meffert/Burmann/ Kirchgeorg 2008, S. 381).

3.2 Auswahl und Beschreibung von Social Media

Es stellt sich die Frage, wie Unternehmen Social Media nutzen können, um ihre Employer Branding Ziele langfristig zu erreichen. Betrachtet man die in Kapitel 2.2.3 dargestellten Wirkungsbereiche des Employer Branding wird deutlich, dass sich der Einsatz von Social Media insbesondere für den Bereich der Mitarbeitergewinnung eignet. Darüber hinaus kann es auch das Arbeitgeberimage, die Bekanntheit und damit die Attraktivität des Arbeitgebers nachhaltig beeinflussen (vgl. Bernauer 2011, S. 27). Nachdem sich die Mediennutzung so immens gewandelt hat und gerade Soziale Netzwerke, Bewertungsportale und Microblogging hohe Wachstumszahlen zu verzeichnen haben, beziehen potentielle Bewerber Informationen über Arbeitgeber überwiegend über das Internet (vgl. Bernauer 2011, S. 20). Unternehmen sind dadurch gefordert herauszufinden, welche Social Media die avisierte Zielgruppe zu welchen Zwecken nutzt. Im Idealfall begibt sich der Arbeitgeber in einen Prozess des Zuhörens, der Erregung von Aufmerksamkeit, des Kommunizierens und unter Umständen sogar des Einstellens. Der Arbeitgeber muss somit seine Zielgruppe identifizieren und verstehen was sie interessiert und worüber sie kommuniziert. Durch passende Inhalte kann die Aufmerksamkeit der Zielgruppe gewonnen werden und ein Dialog beginnen. Dieser bietet einen fruchtbaren Nährboden um eine Beziehung zur Zielgruppe aufzubauen, die sowohl das Arbeitgeberimage positiv beeinflusst als auch zu einer späteren Bewerbung führen kann (Bernauer/Hesse/Laick et al. 2011, S. 115 f.).

Die Beschreibung begrenzt sich folgend auf solche Social Media Kanäle, die sowohl von Unternehmen als auch von Studenten, Absolventen, Young Professionals sowie von Fach- und Führungskräften häufig genutzt werden, was durch aktuelle Studien bestätigt werden

40

konnte. Verschiedene Studien von 2010 und 2011 belegen die Platzierung von Facebook, Xing, Twitter und YouTube als besonders relevant im Unternehmenskontext sowie im Freizeit- und Informationsverhalten der Zielgruppen. Obwohl es bei der Nutzung zielgruppenspezifische Unterschiede gibt, gelten die oben genannten Social Media insbesondere in Deutschland als bevorzugt frequentiert (vgl. Petry/Schreckenbach 2011, S. 9 & Fink/Zerfraß/ Linke 2011, S. 37 f. & Software Initiative Deutschland e. V. et al. 2010, S. 4).

3.2.1 Facebook

Facebook ist ein soziales Onlinenetzwerk das 2004 ursprünglich für Harvard Studenten entwickelt wurde und seit 2006 allgemein verfügbar ist. Es hat sich neben MySpace zu einem der größten privaten sozialen Netzwerken mit mehr als 800 Millionen aktiven Mitgliedern weltweit entwickelt (vgl. Die Presse 23.09.2011). In Deutschland sind es aktuell mehr als 22 Millionen Mitglieder (vgl. Merholz/Albert 2011, S. 1). „Unter den Begriffen ‚Soziale Netzwerke' und ‚Social Networking-Sites' werden Websites zusammengefasst, die Nutzer mit ähnlichem Hintergrund und Interessenshorizont verbinden" (Weinberg 2010, S. 167). Sie basieren auf den interaktiven Profilen der Nutzer und regen an, sich darin zu verbinden, Beziehungen zu knüpfen und Informationen auszutauschen. Die Profile sind individualisierbar und die Inhalte können kommentiert oder an andere Freunde weitergegeben werden. Man kann mit Freunden oder Kollegen in Kontakt treten bzw. eine Verbindung eingehen indem man mittels einer Suchfunktion nach Namen, Interessen, Standorten oder sonstigen Zugehörigkeiten sucht und ihnen dann die so genannte „Freundschaft" anbietet. Diese muss dann von dem Rezipienten per Klick bestätigt bzw. angenommen werden (vgl. Weinberg 2010, S. 168). Obwohl Facebook als privates Netzwerk seinen Lauf genommen hat, beteiligen sich nicht nur Privatpersonen an dem Netzwerk, sondern auch Unternehmen mit ihrer Corporate Brand, einer Produktmarke oder Karriereseite.

Der wesentliche Unterschied von Facebook zu anderen sozialen Netzwerken basiert auf der Technologie. Diese ermöglicht die Darstellung aller Aktivitäten eines Mitglieds innerhalb seines Freundeskreises auf deren so genannten Pinnwand. Als persönliche Startseite des Mitglieds akkumuliert sie alle aktuellen Beiträge die im eigenen Netzwerk produziert bzw. ‚gepostet' werden. Durch verschiedene Tools ergibt sich ein viraler Verbreitungsmechanismus der Kommunikation, den Unternehmen für das Employer Branding nutzen können (vgl. Eicher 2010, 190 f.). Folgend werden einige Tools vorgestellt die den viralen und integrativen Charakter von Facebook verdeutlichen:

Der **„Gefällt mir"** oder **„Like Button"** gibt dem Facebook-User die Möglichkeit Beiträge auf der Pinnwand einer Facebook Seite mit „Gefällt mir" zu bewerten. Sofort erscheint diese

Aktivität auf der eigenen Pinnwand sowie im Newsfeed seiner Kontakte. Der Seitenname und der Beitragsname werden dadurch für alle ersichtlich. Facebook stellt außerdem so genannte Social Plugins zur Verfügung, die die Integration eines Like Button auch in eine externe Website ermöglicht. Klickt ein Besucher der BMW Karrierewebseite den Like Button, erscheint diese Information im Newsfeed seines Netzwerkes. Darüber hinaus kann über die so genannte „Like Box" eine Facebookseite in die eigene Website integriert werden. In der Box sind dann die neuesten Posts zu sehen und welchen Nutzer die Seite bereits gefällt. Einweiteres Tools sind die „Comments", wodurch ein Website Nutzer die Inhalte der Websi-te kommentieren kann, und diese dann im Newsfeed des Facebooknetzwerks erscheinen (vgl. Eicher 2010, S. 192).

Je nach Zielsetzung können mit Facebook unterschiedliche Zielgruppen im Employer Bran-ding Prozess angesprochen werden. Die meisten Nutzer von Facebook befinden sich im Alter zwischen 13 und 44 Jahren, doch auch die Nutzer ab 45 nehmen kontinuierlich zu (vgl. Wiese 2011, S. 1). Es wird von den Nutzern hauptsächlich für den privaten Gebrauch ver-wendet, da sie eher skeptisch sind, Unternehmen Einblick in ihre Privatsphäre zu gewähren. Eine Studie bestätigt jedoch, dass Kandidaten durchaus die persönliche Ansprache im Netzwerk durch Unternehmensvertreter begrüßen (vgl. Petry/Schreckenbach 2011, S.4). Die Entwicklung als Privatperson mit einem Unternehmen zu interagieren und Informationen über sich preiszugeben kann auch darauf zurückgeführt werden, dass Facebook den Nut-zern die Möglichkeit bietet, unterschiedliche Datenschutzeinstellungen zu nutzen. Man kann seine Kontakte in verschiedene Gruppen einteilen, wodurch jeder Gruppe nur ganz spezifische Informationen zum eigenen Profi einsehen kann und Newsfeeds erhält. Eine Einteilung in „Freunde" und „Businesskontakte" ist dadurch sinnvoll und ermöglicht die Interaktion ohne das Medium wechseln zu müssen und Bedenken zu haben (vgl. Weinberg 2010, S. 169). Unternehmen haben auf Facebook unter anderem die Möglichkeit eine Fanseite oder Karrie-reseite einzurichten um mit der Zielgruppe in Kontakt zu treten. Ruft ein Nutzer die Unter-nehmensseite auf kann er durch betätigen des „Gefällt mir Buttons" Fan der Seite werden (vgl. Weinberg 2010, S. 178).

Facebook ist als soziales Netzwerk insbesondere geeignet um das Arbeitgeberimage und das Vertrauen zur Zielgruppe aufzubauen, den Kontakt zur ihr herzustellen und zu pflegen. Die Nutzer bzw. Fans erhalten Einblicke in das Unternehmen, man kann Erfahrungen zu einem bestimmten Thema austauschen oder z. B. über aktuelle Recruiting- und Messever-anstaltungen informieren (vgl. Beck 2008, S. 47). Obwohl das Unternehmen auf Facebook über aktuelle Vakanzen informieren kann ist dieser Kanal für das Recruiting eher weniger geeignet. Ein Grund dafür basiert auf den mangelhaften Suchoptionen nach geeigneten Kandidaten, wie „search profiles for people with similar career interest" (vgl. Kürn 2009,

S. 150). Bisher zeigte sich, dass sich Facebook weder für Recruiter eignet um nach geeigneten Kandidaten zu suchen, als auch dass die Nutzer das private Netzwerk präferiert zur aktiven Stellensuche nutzen. Online Stellenbörsen und Unternehmenswebseiten sind bei der Suche nach einem Arbeitsplatz die am häufigsten genutzten Informationsquellen. Facebook liegt mit 4,3% bei der Informationssuche über Unternehmen weit hinter XING mit 33,4% und Google mit 57,8%, da bei Facebook eher die privaten Interessen der User dominieren (vgl. Kästner 2011, S. 5).

Dennoch zeichnet sich durch die Weiterentwicklungen von Facebook ab, dass sich dieser Kanal zur Jobsuche in Zukunft nicht nur besser eignet, sondern das Potenzial hat, von den Nutzern auch als solcher erkannt zu werden. Beispielsweise besteht die Möglichkeit in die Karriere-Fanpages eines Unternehmens einen so genannten Job Channel zu integrieren. Der Job Channel der BMW Group ermöglicht z. B. die aktive Suche von Stellenangeboten und das Abonnement von neuen Angeboten auf Twitter in Echtzeit. Mittels einer Suchmaske können die Fans der Seite festlegen, ob sie als Student oder Absolvent bzw. Professional suchen sowie die Ergebnisse nach Unternehmensbereichen filtern (vgl. BMW Karriere Facebook, 2011 & siehe Abbildung 6).

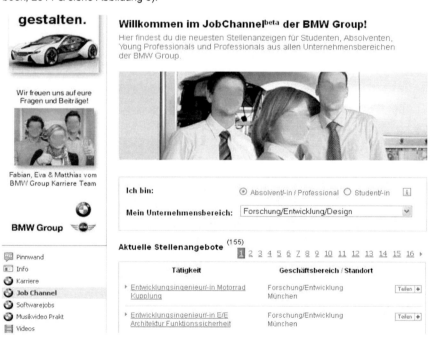

Abb. 5: BMW Karriereseite auf Facebook, Job Channel 2011

(Facebook.com 2011m)

Eine weitere Entwicklung die den Business-Aspekt in Facebook weiterentwickeln kann ist die Applikation „BeKnown" die von Monster, der Online-Karriereplattform Ende Juni 2011 vorgestellt wurde. Es ist dafür gedacht eine strikte Trennung der privaten und beruflichen Aktivitäten der Nutzer in Facebook vorzunehmen. Darüber hinaus sollten Personalverantwortliche die Möglichkeit haben sich professionell zu vernetzen um das Recruiting zu stärken. Die Jobsuche wird ebenfalls über BeKnown erleichtert. Es bietet außerdem spezielle Mitarbeiterempfehlungsprogramme (vgl. Internetworld.de, 2011, S. 1). Über eine simple Installation wird die Applikation in Facebook integriert und automatisch ein Profil aus bereits bekannten Informationen erstellt. Per Klick lassen sich Kontakte aus anderen Plattformen in das Netzwerk integrieren. Darüber hinaus lassen sich kostenfrei Stellenausschreibungen innerhalb des Netzwerkes posten sowie innerhalb des Netzwerkes nach interessanten Jobs suchen (vgl. BeKnown, 2011, S. 5).

Im Modell der Arbeitgeberwahl nach Süß in Kapitel 2.3.3 lässt sich Facebook zunächst primär für low- bis mäßig involvierte Nutzer einordnen in der Low Involvement oder Präferenzbildungsphase, wenn das Arbeitgeberimage aufgebaut wird oder sich schon ein Relevant Set herausgebildet hat. Ist ein Nutzer an dem Unternehmen interessiert, die Arbeitssuche als Studierender jedoch noch nicht relevant, kann man als Fan des Unternehmens auf Facebook über die Entwicklungen des potenziellen Arbeitgebers informiert sein und im Zeitverlauf für sich abklären, ob man zueinander passt. Laut einer Umfrage im Mai 2011 werden Nutzer von Facebook Fan einer Facebook-Site, um ihre Sympathie zum Unternehmen oder einer Marke auszudrücken, um auf dem Laufenden gehalten zu werden und interessante Informationen zu erhalten (vgl. Knabenreich 2011, S. 1). Zusammenfassend zeigt sich, dass die Beziehung- und Imagepflege bei Facebook zunächst noch dominiert und für das Employer Branding eine hohe Relevanz aufweist. Dies bestätigt zusätzlich die empirische Studie „Recruiting Trends 2011" der Monster Worldwide Deutschland GmbH, worin die Top-1000 Unternehmen aus Deutschland zum Thema befragt wurden (vgl. Monster Worldwide GmbH 2011, S. 6). Inwieweit sich die Job Channels und BeKnown zur Jobsuche im Laufe der Zeit durchsetzen bleibt abzuwarten.

3.2.2 XING

XING ist eine Internetplattform, die ebenfalls den sozialen Netzwerken zuzuordnen ist, jedoch ein Businessnetzwerk darstellt. Es wurde 2003 zuerst unter dem Namen „OpenBC" in Hamburg gegründet und hat aktuell über 11 Millionen Mitglieder weltweit. Genutzt wird XING für geschäftliche Zwecke, die Jobs- und Bewerbersuche und auch für die berufliche Karriere. Auch LinkedIn ist ein populäres Businessnetzwerk, auf dessen Darstellung wird jedoch verzichtet, da sich XING im deutschsprachigen Raum besser etablieren hat und sie in ihrer Funktionalität sehr ähnlich sind.

XING unterscheidet Einzelprofile von Unternehmensprofilen (vgl. XING 2011a). Privatpersonen haben die Möglichkeit ein Profil auf XING zu erstellen, welches den beruflichen Werdegang, Zusatzqualifikationen sowie das persönliche Netzwerk abbildet. Dadurch können die Mitglieder Kontakte pflegen, hinzugewinnen, sich in Gruppen an Diskussionen beteiligen oder auf Jobsuche gehen. Der Nutzer kann selbst entscheiden welche Informationen er wem preisgibt. So kann man z. B. den Zugriff von Suchmaschinen auf das Profil sperren oder nur direkten Kontakten Einblicke gewähren (vgl. Weinberg 2010, S. 184 f.)

Seit 2009 haben auch Unternehmen die Möglichkeit ein Profil anzulegen. Neben einem kostenfreien Basisprofil gibt es auch die kostenpflichtigen Profile wie z. B. „Standard" und „Plus", die erweiterte Funktionen ermöglichen. Gemeinsam sind allen die detaillierte Veröffentlichung der Unternehmensbeschreibung, die Verlinkung von Stellenanzeigen in „XING Jobs" und eine Mitarbeiterliste. Das hochwertigste Profil bietet im Gegensatz zu dem günstigeren bzw. kostenfreien Profil die Veröffentlichung von Neuigkeiten auf dem Unternehmensprofil sowie auf der Profilseite der Abonnenten. Diese Funktion ist zum Teil mit Facebook vergleichbar, im Gegensatz dazu jedoch kostenpflichtig. Auch Arbeitgeberbewertungen von Arbeitgeberbewertungsplattformen wie z. B. „kununu" sind in die Seite integrierbar (vgl. XING 2011b).

XING wird hauptsächlich von Fach- und Führungskräften sowie Studenten der Betriebs- und Naturwissenschaften genutzt (vgl. Haufe 2011, S. 1). Durch die integrierte Stellenbörse können Interessenten aktiv nach Arbeitsplätzen suchen, da die Mitglieds-Unternehmen direkt Stellen schalten können die per Klicks abgerechnet werden (Kürn 2009, S. 150). Somit eignet sich XING nicht nur als Informationsquelle für am Unternehmen interessierte Nutzer, sondern auch zur Personalgewinnung. Wechselwillige Mitglieder, die sich z. B. beruflich umorientieren möchten, erhalten automatisch Jobangebote die mit ihrem Profil übereinstimmen. Zusätzlich kann der entsprechende Recruiter direkt über XING kontaktiert werden (vgl. Jäger 2008, S. 60).

Es ist davon auszugehen, dass potenzielle Kandidaten bei der Nutzung von Xing stärker involviert sind, da insbesondere Studenten eine Businessplattform nutzen, wenn sie aktiv nach Informationen zu einem Arbeitgeber oder Stellenangeboten suchen bzw. die Wechselbereitschaft von Fach- und Führungskräften erhöht ist. XING bietet Arbeitgebern darüber hinaus die Möglichkeit, von den eigenen auf XING registrierten Mitarbeitern als Imageträgern zu profitieren, aber auch selbst das Arbeitgeberimage positiv zu beeinflussen (vgl. Jäger 2008, S. 59).

3.2.3 Blogs

„Blog" ist die Abkürzung von Weblog und bezeichnet „(...) eine Art Online-Tagebücher, in der ein oder mehrere Personen regelmäßig zu persönlichen oder fachlichen Themen Texte und Bilder veröffentlichen" (Jäger 2008, S. 57). Im Gegensatz zu einer Unternehmenshomepage ist ein Blog nicht statisch, weil er sowohl durch die Beiträge des Autors verändert wird, als auch durch die Leser, die aufgefordert sind diese zu kommentieren und dadurch in einen Dialog zu treten (vgl. Bernauer/Hesse/Laick et al. 2011, S. 64). In umgekehrt chronologischer Reihenfolge werden die Einträge des Blogs angezeigt, so dass die aktuellsten immer ganz oben stehen. Die meisten Blogs unterstützen RSS, Real Simple Syndication. Dies ist ein Webformat welches es ermöglicht, veröffentlichte Inhalte zu aktualisieren und zusammenzufassen. Der Autor eines Beitrags oder ein Verfasser eines Kommentars werden dadurch automatisch benachrichtigt, wenn eine Antwort zu ihrer Anmerkung produziert wurde. Für die Benachrichtigung gibt es verschiedene technische Möglichkeiten, klassisch geht eine Email im Posteingang ein, die den Nutzer darüber informiert. Zur Erstellung eines Blogs wird eine Blogging-Software benötigt die entweder kostenfrei zur Verfügung gestellt wird, die Pflege des Blogs dabei jedoch dem Autor selbst obliegt oder entgeltlich, die dafür aber mehr Funktionalitäten bietet. Für die meisten Blogs benötigt man keine Programmierkenntnisse, wodurch sich der Content leicht produzieren lässt sowie das Einfügen von Bildern, Videos und Links keine Schwierigkeit darstellen (vgl. Weinberg 2010,S. 94 & S. 105). Durch eine hohe Beteiligung in den Blogs und weiterführenden Verlinkungen steigt die Vernetzung im Internet und damit auch die Einstufung bei Suchmaschinen wie z. B. Google. Die Relevanz statischer Websites wird von Suchmaschinen im Vergleich zu Blogs weniger hoch bewertet, so dass unter den Suchergebnissen Blogs ein besseres Ranking erhalten. Beispielsweise kann ein Blogbeitrag der eine Überschrift mit vielen relevanten Stichworten enthält und viele Kommentare erzielt hat unter die ersten fünf Suchergebnisse bei Google erscheinen (vgl. Bernauer/Hesse/Laick et al. 2011, S. 64).

Obwohl es theoretisch möglich ist auch über Blogs Recruitingpotenzial abzuschöpfen ist das recht mühsam und im Ergebnis weniger erfolgreich. Insbesondere im IT-Bereich gibt es Blogs die sich einem ganz spezifischen Thema widmen. Der Recruiter könnte nach potenziellen Bewerbern in Blogs suchen, indem er nach Keywords in der Stellenanzeige sucht und dadurch an passende Blogs gelangt. Dort kann der Recruiter beispielsweise einen Link zu der entsprechenden Stellenanzeige einfügen (vgl. Kürn 2009, S. 152). Besser eignen sich Blogs im Rahmen des Employer Branding um die Bekanntheit des Arbeitgebers zu erhöhen. Durch das verbesserte Ranking in Suchmaschinen kann das Unternehmen eine erhöhte Wahrnehmung genießen. Darüber hinaus kann eine authentische Beziehung zur Zielgruppe aufgebaut werden. Dies kann durch Trainee- oder Azubiblogs erfolgen, in denen Mitarbeiter

46

von ihren Erfahrungen innerhalb des Unternehmens berichten oder bestimmte Projekte über Blogs lebhaft dokumentieren werden können (vgl. Dehlsen/Franke 2009, S. 169).

3.2.4 Twitter

Twitter ist ein Microblogging-Dienst, der 2006 in San Francisco gegründet wurde und weltweit mit 200 Millionen Nutzern als Informationsnetzwerk fungiert. Seit 2009 ist es auch auf deutsch verfügbar (vgl. Frickel 2011, S. 4). Microblogging ist eine Form des Bloggens, aufgrund der Beschränkung der Zeichenanzahl jedoch als Microblogging bezeichnet (vgl. Bernauer/Hesse/Laick et al. 2011, S. 73).

Twitter liefert Informationen in Echtzeit zu den Themen, die die Nutzer interessieren. Als „Tweet" werden dabei Informationspartikel genannt, die nur 140 Zeichen lang sind. Darüber hinaus kann man in die Kurzmitteilung andere Medien integrieren wie z. B. weiterführende Links, Videos oder Fotos. Es bleibt dem Nutzer überlassen, selbst zu „twittern" oder einfach nur Konversationen oder Informationen anderer Nutzer zu folgen (vgl. Twitter k. A., S. 1). „Follower" werden Nutzer genannt, die die Updates von anderen Mitgliedern abonnieren. Voraussetzung dafür ist die Erstellung eines Profils, das individuell gestaltet werden kann. Der Unterschied zu anderen Social Media Plattformen liegt in der unkomplizierten und rasanten Verbreitung von Informationen. Durch das so genannte „Retweeten" können interessante Inhalte schnell weitergeleitet und empfohlen werden. Dazu muss nur der „Retweet Button" gedrückt werden und der Tweet wird an das komplette eigene Netzwerk geleitet. Twitter bietet des Weiteren die Option in einer Übersicht festzustellen, welche der eigenen Tweets von anderen empfohlen oder retweetet wurden. Durch so genannte Listenfunktion kann der Twitter Nutzer sehen, wie viele Follower er hat und wie vielen Kontakten er folgt. In der Liste können auch die Kontakte festgehalten und einer Kategorie zugeordnet werden, die für einen selbst von höchster Relevanz sind (vgl. Berns 2010, S. 232 ff.). Mithilfe von „Hashtags" (#), dem Rautezeichen können die wichtigsten Schlagworte einer Kurznachricht markiert werden. Dadurch werden relevante Themen von anderen schneller gefunden (vgl. Frickel 2011, S. 4). Für Unternehmen bietet Twitter die Möglichkeit Beziehungen zur Zielgruppe zu pflegen und sie mit interessanten Informationen, die sie als Arbeitgeber attraktiv machen, zu versorgen. Darüber hinaus können die Verantwortlichen der Kommunikations- bzw. Personalmarketingabteilungen verfolgen, wie das Unternehmen wahrgenommen wird, zum Beispiel ob die Tonalität in den Tweets der Nutzer positiv oder kritisch ist. Dadurch kann man in Krisensituationen schnell reagieren und Maßnahmen zum Gegensteuern ableiten (vgl. Weinberg 2010, S. 142 f.).

Twitter eignet sich im Rahmen des Employer Brandings insbesondere zur Entwicklung und Steuerung des Arbeitgeberimages, zur Erhöhung der Bekanntheit und zur Pflege der Beziehung zur Zielgruppe. Auch wenn aktuelle Stellenausschreibungen eines Unternehmens getwittert werden können, eignet sich dieses Kommunikationsmedium nur gering für das Recruiting. Laut der Studie zur Wirkung von Social Media im Personalmarketing 2011 nutzen Kandidaten Twitter weniger häufig als andere Social Media, um sich über einen Arbeitgeber zu informieren (vgl. Petry/Schreckenbach 2011, S. 4). Es ist also davon auszugehen, dass stark involvierte potenzielle Bewerber Twitter für die Arbeitgeberwahlsuche nicht aktiv einsetzen.

3.2.5 YouTube & Multimedia

YouTube wurde 2001 in Kalifornien gegründet und ist das beliebteste Internet Videoportal weltweit. In Deutschland hat sich die Nutzung von YouTube durch Fach-und Führungskräften sowie von Studenten im Vergleich zum Vorjahr nahezu verdoppelt (vgl. Petry/Schreckenbach 2011, S. 9). Das Ansehen der Videos ist kostenfrei und man muss nur dann einen Account erstellen, wenn man selbst Videos veröffentlichen will. Mit einem persönlichen Account lassen sich verschieden Suchkriterien einstellen, so dass man unter anderem nach Themen, Stichworten, Beliebtheit und Datum filtern kann. Es lassen sich automatische Updates von Kanälen abonnieren, eine Favoritenliste führen und die Bewertung und das Kommentieren der Videos vornehmen sowie interessante Videos weiterleiten (vgl. YouTube 2011a, S. 1).

Für Unternehmen sind Videos im Rahmen der Employer Branding Aktivitäten sehr hilfreich; nicht nur weil sie im Vergleich zu Texten ein hohes Aktivierungspotenzial aufweisen, sondern weil man authentische und glaubwürdige Einblicke in das Unternehmen gewähren kann. Beispielsweise lassen sich kurze Videos drehen, um Interessenten über den Bewerbungsablauf aufzuklären, Informationen zu den Leistungen des Arbeitgebers darbieten oder eine Stellenausschreibung mit einem Video aufschmücken. Das Video zeigt dann z. B. den zukünftigen Arbeitsplatz, die Abteilung und die Kollegen oder veranschaulicht die Anforderungen der Stelle. Dadurch gelingt eine emotionale Ansprache, insbesondere wenn natürlich die echten Mitarbeiter zu Wort kommen. Mit einer einfachen Digitalkamera lassen sich authentische Videos kostenfrei drehen oder je nach Budget auch professionelle Videos produzieren (vgl. Beck 2008, S. 47 & Kürn 2009,S. 151 f.). Diese Videos lassen sich entweder auf YouTube hochladen, in andere Social Media Kanäle einbinden oder auch in die Unternehmenshomepage oder Karriereseite. Durch die Vernetzung und die anschauliche Darstellung von Recruitinginhalten kann die Bekanntheit des Arbeitgebers bei der Zielgruppe gesteigert werden, so dass mehrere Bewerbungen eingehen. Des Weiteren wird ein effizienterer Selektions- und Matchingprozess unterstützt, da Kandidaten durch die Videos besser herausfinden können, ob das Unternehmen zu ihnen passt und sie sich vorstellen können dort zu arbeiten. Somit steigt auch die Anzahl qualitativ hochwertiger Bewerbungen (vgl. Zugehör 2009, S. 172).

Das Potenzial von YouTube als Recruitingkanal wird jedoch von einigen Autoren als kritisch betrachtet, da die Zielgruppe im Portal diffus ist und man keine Kontrolle hat, in welchem fragwürdigen Umfeld das Unternehmensvideo erscheinen kann (vgl. Bernauer/Hesse/Laick et al. 2011, S. 85). YouTube ist somit eher als Ergänzung zur Aktivierung und Emotionalisierung anderer Kanäle empfehlenswert. Um jedoch auch auf YouTube als Unternehmen eine gewisse Kontrolle zu wahren, bietet es sich an einen YouTube Kanal einzurichten. Dort können alle veröffentlichten Arbeitgebervideos gesammelt archiviert und betrachtet werden. Darüber hinaus ist der Hintergrund individualisierbar und unternehmenskonform gestaltet werden, so dass eine hohe Wiedererkennung gewährleistet ist (vgl. YouTube 2011b, S. 4.). Bei der Verwendung von Videos im Personalmarketing ist z. B. die Bertelsmann AG ein Vorreiter. In zahlreichen Testimonial Videos berichten Mitarbeiter der Bertelsmann AG wie sie den Weg zum Unternehmen gefunden haben und ihre Karriere ihren Lauf genommen hat (vgl. Hesse 2011, S. 86). Darüber hinaus lassen sich bevorstehende Veranstaltungen wie z. B. Recruitingmessen mit Videos bewerben sowie soziale Projekte emotional dokumentieren.

Auch so genannte Podcasts haben in ihrer Funktion und Wirkung viele Ähnlichkeiten zu Videos und lassen sich dadurch zur Aktivierung und Emotionalisierung potenzieller Kandidaten gut einsetzen. Der Begriff Podcast ergibt sich aus der Zusammenführung der Begriffe iPod und Broadcast. Nach Beck sind Podcasts „(...) selbstproduzierte Audioaufnahmen im Stile einer Radiosendung, die auf dem Computer direkt gehört oder auf ein entsprechendes tragbares Gerät (z. B. Apples iPod) überspielt werden können" (Beck 2008, S. 58).

3.3 Ausgestaltung des Social Media Einsatzes

Bei der Ausgestaltung des Social Media Einsatzes bedarf es Knowhows und Fingerspitzengefühls. Das folgende Kapitel behandelt die Aspekte des Social Media Einsatzes, die im weitesten Sinn für alle hier vorgestellten Social Media Anwendungen gelten. Ziel ist es nicht die unterschiedlichen Feinheiten der Social Media hervorzuheben, sondern das, was sie gemeinsam haben. Eine detailliertere Auseinandersetzung mit dem Anwendungsfeld der Social Media wird nicht als zielführend erachtet, zudem würde es den Umfang der Arbeit sprengen. Folgend werden die wesentlichen Aspekte des Social Media Einsatzes im Rahmen des Employer Branding vorgestellt.

3.3.1 Social Media Analyse & Monitoring

„Unter Social-Media-Analyse und Monitoring versteht man die Überwachung und Auswertung aller Geschehnisse im Internet und Social Web, die im mehr oder weniger direkten Zusammenhang mit dem eigenen Unternehmen, der Marke, einzelnen Produkten oder anderweitig definierten Zielen stehen" (Bernauer/Hesse/Laick 2011,S. 136). Grob lässt sich dieses Vorgehen mit Presseclippings vergleichen, im Gegensatz dazu wird jedoch hauptsächlich der „User Generated Content", also der von den Nutzern selbst erstellt Inhalt überwacht (vgl. Bernauer/Hesse/Laick 2011,S. 136).

Bevor ein Unternehmen Social Media im Employer Branding einsetzt, sollte eine gründliche **Analyse** erfolgen, um festzustellen, welche Social Media die avisierte Zielgruppe nutzt, welche Inhalte sie interessiert, welche Tonalität in den Diskussionen und Beiträgen vorherrscht und ob sich Meinungsführer identifizieren lassen (vgl. Hettler 2010, S. 83 f.). Dadurch kann sich das Unternehmen einen Überblick verschaffen und entscheiden, wie die Bekanntheit und Attraktivität des Arbeitgebers mithilfe der Social Media gesteigert werden können, damit das Arbeitgeberimage positiv beeinflusst wird und das Recruiting qualifizierter Mitarbeiter unterstützt wird. Durch eine Social Media Analyse lässt sich die Ist-Positionierung des Arbeitgebers und der adäquate Content ermitteln, um das Interesse der Zielgruppe zu gewinnen und in den Dialog zu treten (vgl. Grothe 2011, S. 138). Der **Content** bzw. der Inhalt, den Arbeitgeber in den Social Media verbreiten ist eine der wesentlichen Faktoren um mit der avisierten Zielgruppe in Kontakt zu treten. Das Unternehmen muss sich vorab darüber im Klaren sein, welche Zielgruppen mit welcher Zielsetzung angesprochen werden sollen, um passende Inhalte zu produzieren. Die Nutzer der Social Media beschäftigen sich jedoch mit unterschiedlicher Intensität mit der Berufs-und Arbeitgeberwahl. Die Themen die die Nutzer somit interessieren hängen wesentlich davon ab, in welcher Phase des Arbeitslebenszyklus sie sich gerade befinden. Berufsrelevante Themen in den Social Media sind unter anderem die Online-Jobsuche, das Gehalt, die berufliche Neuorientierung oder Assessment Center. Die Abbildung 6 verdeutlicht exemplarisch die Phasen des Arbeitslebens mit den relevanten Themen der Zielgruppe. Es ist zu identifizieren welche Informationen das Potenzial haben, die Nutzer der Social Media zu aktivieren und zu motivieren, Fan oder Follower eines Unternehmens zu werden. Beispielsweise interessieren sich Studenten während ihres Studiums eher für Praktika und den Bewerbungsablauf, Absolventen und Young Professionals könnte eher der Ablauf eines Assessment Centers und Work-Life-Balance Angebote des Arbeitgebers interessieren. Darüber hinaus muss vereinbart werden, in welchen Zyklen die Inhalte verbreitet werden sollen (vgl. Bernauer/Hesse/Laick et al. 2011, S. 73). Die Nutzer bzw. Fans einer Seite erwarten in der Regel einen Mehrwert durch ihr Commitment, ob es nun exklusive Informationen sind oder schlicht einen Unterhaltungs-wert geboten wird (vgl. Bersch 2010, S. 212).

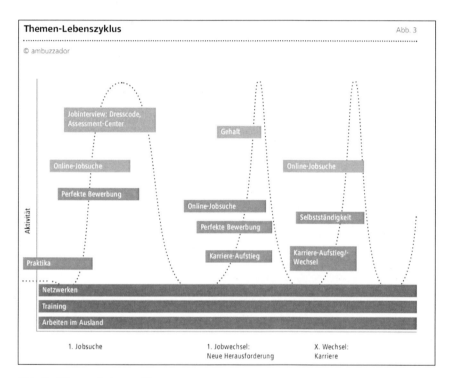

Abb. 6: Themen Lebenszyklus
(Kästner 2010, S. 10)

Auch Referenzberichte wie Case-Studies oder allgemeine Informationen zur betreffenden Branche sind bei Nutzern sehr beliebt, so dass nicht nur auf Informationen aus dem Unternehmen zurückgegriffen werden muss (vgl. Weiland 2010, S. 340).

Des Weiteren wird in der Literatur darauf hingewiesen wie wichtig es ist, die Medieninhalte regelmäßig zu aktualisieren sowie eine schnelle Kommunikationsreaktionszeit seitens des Unternehmens zu leisten. Den Nutzern wird dadurch Authentizität und Interesse vermittelt. Über die Inhalte sollte darüber hinaus die Interaktion mit den Fans oder Follower angeregt werden (vgl. Gysel/Michelis/Schildhauer 2010, S. 228 f.)

Das kontinuierliche **Monitoring** der Social Media ist unabdingbar, da die Kommunikation im Internet sehr dynamisch und schnelllebig ist. Das Monitoring ermöglicht die Ermittlung der

Wirkung der Social Media Aktivitäten sowie relevante Diskussionsthemen, aber auch drohende Krisen oder kritische Themen zeitnah zu identifizieren (vgl. Hettler 2010, S. 82 f.). Der Erfolg der Social Media Aktivitäten lässt sich schwer messen, da sich die Beziehungen zur Zielgruppe und das Arbeitgeberimage erst über die Zeit hinweg aufbauen und verändern. Einige Kennzahlen helfen jedoch dabei die Wirkung der Social Media Aktivitäten einzuschätzen. Die *Reichweite der Beiträge* ist z. B. ein Indikator der zeigt, ob der verbreitete Content auf Interessenten stößt. Das lässt sich unter anderem daran erkennen, wie oft z. B. ein Beitrag verlinkt, weitergeleitet oder mit anderen geteilt wurde sowie z. B. an der *Anzahl der Fans und Follower* eines Unternehmens. Die *Frequenz und der Traffic auf der Fanpage* in Facebook sagen aus, mit welcher Intensität die User die Fanpage des Unternehmens nutzen (vgl. Weinberg 2010, S. 338 f.). Die Qualität der Beziehung zur Zielgruppe lässt sich z. B. erahnen anhand der *Anzahl und der Qualität der Kommentare* sowie an der Nachhaltigkeit der Beziehungen. Über bestimmte Analysetools lässt sich ermitteln, welche Follower z. B. Tweets des Unternehmens „abbestellt" haben und welche Nutzer zwar Fans sind, sich jedoch nicht aktiv auf der Plattform beteiligen (vgl. Weinberg 2010, S. 339). Dass die Besucherzahlen einer Plattform sowie die Popularität und Reichweite der Aktivitäten die wichtigsten Kennzahlen zur Erfolgsmessung der Social Media darstellen, bestätigt auch die Social Media Governance Studie 2011 (vgl. Fink/Zerfraß/Linke 2011, S. 42).

Für die Social Media Analyse und das Monitoring stehen zahlreiche **Tools** zur Auswahl. Zum einen besteht die Wahl zwischen verschiedenen kostenfreien Tools, die besonders für kleine Unternehmen geeignet sind, die im Bereich der Social Media noch nicht sehr breit aufgestellt sind. Zum anderen gibt es auch viele professionelle Anbieter, die sich auf das Monitoring spezialisiert haben und unterschiedliche Analyse- und Preismodelle anbieten. Wofür sich ein Unternehmen entscheiden sollte, hängt wesentlich von den Zielen der Social Media Aktivitäten ab, der personellen Ressourcen, dem Budget und der gewünschten Intensität des Monitorings ab (vgl. Oßwald 2010, S. 391).

Viele Social Media Plattformen bieten eigene Monitoring Tools an. Beispielsweise ist durch das so genannte Facebook Insights möglich, viele statistische Daten der Fanseiten zu ermitteln.

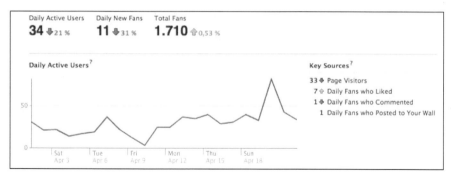

Abb. 7: Das neue Facebook Insights
(Bannour, K.-P. 2010)

Es lässt sich daraus unter anderem ablesen, wie viele neue Fans an einem Tag hinzuge-kommen sind oder auch verloren wurden. Darüber hinaus erkennt man die aktiven Fans der Seite und die Besucheranzahl. Facebook Insights gibt ebenfalls Aufschluss über die demo-graphische Zusammensetzung der Fans. Für die Qualität und Weiterentwicklung der Inhalte gibt es die Möglichkeit zu sehen, welche Inhalte die meiste Aufmerksamkeit erzielt haben und besonders häufig aufgerufen wurden, sowie die Interaktion der Fans anhand der Anzahl der Kommentare. Zusätzlich werden die meisten Daten anschaulich anhand von Grafiken zusammengefasst (vgl. Bannour, WebmarketinBlog 2010, S. 1). Um relevante Themen der Zielgruppe zu ermitteln oder die Nennung des Arbeitgebers in den Social Media zu finden, ist es möglich ebenfalls kostenfrei nach den gesuchten Keywords zu filtern. Beispielsweise lassen sich Blogs mittels der Google Blogsuche nach den relevanten Themen durchforsten, aber auch Twitter Search ermöglicht die Ausgabe der Treffer als RSS-Feed um nur einige zu nennen (vgl. Oßwald 2010, S. 392).

Die professionellen Dienstleister bieten die Kombination und Zusammenfassung verschiede-ner Social Media Anwendungen an. Eines der bekanntesten und beliebtesten Tools profes-sioneller Dienstleister ist neben Radian6, Sysomos Heartbeat. Sysomos Heartbeat bietet z. B. eine einfach zu bedienende und übersichtliche Benutzeroberfläche. Auf dem so ge-nannten Dashborad werden z. B. die Aktivitäten auf Facebook, Twitter etc. zusammenge-fasst dargestellt (siehe Abb. 8). Email Alerts, automatische Benachrichtigungen, gehen beim Nutzer ein, wenn neue Kommentare oder Beiträge auf Facebook und Co erstellt wurden. Sysomos bietet darüber hinaus die Möglichkeit, direkt aus dem Tool auf Facebook oder Twitter Kommentare zu antworten.

Abb. 8: Sysomos Heartbeat Dashboard
(Hedemann 2011, S. 1)

Zusätzlich ist es möglich nach bestimmten Keywords und Meinungsführern suchen zu lassen und ein ungefähres Stimmungsbild der Netzkommunikation abzubilden sowie die Relevanz des Wettbewerbs darzustellen (vgl. Hedemann 2011, S.1).

Den Feinschliff einer Analyse der Suchtreffer können die Tools jedoch nicht liefern. Obwohl unzählige Daten erhoben werden können ist das Knowhow von Experten gefragt um eine qualitative Auswertung der Daten vorzunehmen und um Handlungsempfehlungen abzugeben die im Einklang mit der Employer Branding Strategie stehen (vgl. Oßwald 2010, S. 393).

3.3.2 Vernetzte und integrierte Anwendungen

Der Vernetzung der unterschiedlichen verwendeten Social Media Anwendungen ist eine hohe Relevanz beizumessen. Da die anvisierten Zielgruppen eine differenzierte Nutzungsintensität der einzelnen Anwendungen zeigen, kann die Vernetzung der Anwendungen in Form von Verlinkungen die Aufmerksamkeit auch auf weniger frequentierte Anwendungen lenken. Daraus ergibt sich eine aktive Nutzerführung die den Rezipienten von einer Anwendung zur anderen weist. Es wird empfohlen zu ermitteln, welches Medium von den Interessenten am meisten genutzt wird um Informationen zu einem Arbeitgeber oder ein Unternehmen zu erlangen, um von diesem Punkt aus auf schwächer frequentierte Anwendungen zu verweisen. Dadurch soll eine Erhöhung der Beschäftigungsintensität mit den verbreiteten Inhalten des Arbeitgebers erzielt werden. Ein weiterer Vorteil der Anwendung verschiedener, vernetzter Social Media Instrumente liegt in der höheren Durchdringungskraft der Arbeitgeberbotschaften. Da potenzielle Bewerber auf verschiedene Inhalte und Social Media Anwendungen verwiesen werden, wirkt sich das positiv auf die Bekanntheit, das Branding und die Erinnerung der Botschaften durch die Zielgruppe aus. Darüber hinaus kommen auch low involvierte Nutzer vermehrt mit den Inhalten in Kontakt, was die Aufmerksamkeit verstärkt erregen kann. Die Nutzer haben wiederum den Vorteil ohne jeglichen Aufwand an zusätzliche und ergänzende Informationen des potenziellen Arbeitgebers zu gelangen (vgl. Beck 2008, S. 42 f.). Identifiziert man die Karriereseite eines Unternehmens als Lead-Medium zur Informationssuche der Interessenten, sollten die verschiedenen Social Media Anwendungen in die Seite integriert werden. Videos und Podcasts können Informationen zum Bewerbungsablauf darbieten und das Teilen von interessanten Informationen wird z. B. über Facebook und Twitter Verlinkung möglich. Die HypoVereinsbank bezeichnet die Verlinkung und Vernetzung der Social Media als „Spinnennetzstrategie" (vgl. Lehmann 2011, S. 96). Über ihre Karriereseite ist es möglich direkt mit entsprechenden Recruitern auf XING in Kontakt zu treten oder zu bestimmten Veranstaltungen ein YouTube Video zu betrachten. Eine weitere Strategie, um Interessenten auf ihre Karriereseite zu locken besteht darin, Verlinkungen aus dem Netz direkt auf die Karriereseite zu erstellen (vgl. Lehmann 2011, S. 97 ff.)

Vernetzte Anwendungen bieten den Nutzern nicht nur eine Orientierungshilfe, sondern einen Mehrwert hinsichtlich der effizienten Suche von Informationen (vgl. Beck 2008, S. 44). Durch ein Netzwerk an Social Media Anwendungen und Informationen kann insgesamt ein lebendiges und damit auch ein emotionales Bild des Arbeitgebers transportiert werden (vgl. Lehmann 2011, 103).

3.3.3 Gefahren des Social Media Einsatzes

Der Einsatz von Social Media birgt jedoch nicht nur Chancen, sondern auch Risiken. Unternehmen fürchten durch den Verlust der Kommunikationshoheit auch den Verlust ihrer Kontrolle. Der user-generated Content und die vernetzten Konversationen im Netz statten die Nutzer mit einer enormen Macht aus. Der falsche Umgang mit den Social Media, insbesondere in Krisenzeiten oder im Umgang mit negativen Äußerungen bezüglich des Unternehmens, kann weitreichende Folgen haben (vgl. Hettler 2010, S. 72 f.). Bekanntermaßen verbreiten sich negative Erlebnisse oder Informationen fast doppelt so schnell wie positive (vgl. Trommsdorff 2009, S. 220). Als Folge für Unternehmen können dadurch nicht nur Imageverluste drohen sondern auch die Abwanderung von Kunden und finanzielle Einbußen.

Teilt eine Person z. B. ihren Ärger über ihren Arbeitgeber oder ein Unternehmen in den Social Media kann es passieren, dass auch andere Betroffene mit ihren Erzählungen und Erfahrungen dazu beitragen die Kritik eskalieren zu lassen (vgl. Schöler 2010, S.376 f.). Auch wenn sich Unternehmen entscheiden nicht in den Social Media aktiv zu sein lässt es sich nicht verhindern, dass sich Mitarbeiter, Kunden, potenzielle Bewerber und andere Interessensgruppen über das Unternehmen und seine Produkte und Leistungen austauschen. Im Gegensatz zur Offline-Welt ist die Mundpropaganda in den Social Media von enormer Reichweite und Haltbarkeit gekennzeichnet. Beispielsweise finden sich in den Suchmaschinen Inhalte, die bereits vor Jahren veröffentlicht wurden wieder.

Unternehmen sind gefordert sowohl intern als auch extern Rahmenbedingungen für einen konstruktiven Umgang mit Social Media zu schaffen. Dazu bietet es sich an eine so genannte Social Media Guideline vorzugeben, anhand derer sich Mitarbeiter des Unternehmens orientieren können. Die Richtlinien sollten auf jedes Unternehmen individuell zugeschnitten sein und können sowohl den Umgang mit den Social Media im Allgemeinen beinhalten aber auch Richtlinien die sich auf die Verwendung bestimmter Social Media Anwendungen bezieht. Eine Social Media Guideline für Mitarbeiter sollte Regeln beinhalten, die eine wertschätzende und authentische Kommunikation ermöglichen, ohne jedoch vertrauliche unternehmensinterne Informationen zu verbreiten oder urheberrechtlich geschützte sowie werbliche Inhalte (vgl. Bernauer/Hesse/Laick et al. 2011, S. 152 f.). Es ist nicht ratsam den Mitarbeitern des Unternehmens die Nutzung der Social Media zu verbieten. Insbesondere vor dem Hintergrund des internen Employer Branding ist ein offener Umgang damit zu begrüßen, so dass den Mitarbeiter Vertrauen und Eigenverantwortlichkeit entgegengebracht wird. Beispielsweise ließe sich die Nutzung der Social Media in der Mittagspause offiziell genehmigen (vgl. Bernauer/Hesse/Laick et al. 2011, S. 118).

Des Weiteren ist auch eine Social Media Guideline unerlässlich, die den Umgang mit fragwürdigen oder kritischen Beiträgen im Netz regelt. So sollte in jedem Unternehmen klar sein, wie man auf solche Situationen reagiert. Beispielsweise ist es nicht damit getan einen Blogger abzumahnen, dessen Kommentar dem Unternehmen nicht gefällt. Handelt es sich dabei um ein bekanntes Unternehmen oder einen interessanten Vorfall kann es passieren, dass im Anschluss sogar klassische Medien darüber berichten (vgl. Bernauer/Hesse/Laick et al. 2011, S. 155). Zu einem der bekanntesten Fehlschläge im Umgang mit Krisenkommunikation in Social Media trug der Lebensmittelhersteller Nestle bei. Greenpeace hatte ein Video auf YouTube gestellt, welches Nestle beschuldigte das für die Herstellung von Schokoriegeln benötigte Palmöl illegal über die Abholzung von Urwäldern zu beziehen und damit den Lebensraum von Orang-Utans zu bedrohen. Das Video verbreitete sich viral in verschiedenen Social Media Kanälen was die Empörung zahlreicher Nutzer auf der Unternehmens-

Fanpage bei Facebook hervorrief. Nestle machte dabei den Fehler strittige Kommentare von der Seite zu löschen und die Fanpage vorübergehend zu sperren. Zahlreiche Nutzer und Konsumenten reagierten mit Empörung und das PR-Desaster ist nun im Netz verewigt (vgl. textberater.com 2010, S.1). Unternehmen sollten im Umgang mit den Social Media deshalb darauf achten, Kritik oder Kritiker nicht zu ignorieren und darauf zu reagieren. Darüber hinaus sollten überprüfbare Tatsachen nicht abgestritten werden. Besonders wichtig ist jedoch kritische Anmerkungen nicht zu leugnen oder zu löschen, sowie gegen Kritiker juristisch vorzugehen (vgl. Bernauer/Hesse/Laick et al. 2011, S. 158).

4 Erfolgsfaktoren des Employer Brandings im Bereich der Social Media

Im Verlauf der Untersuchung wurde gezeigt, wie Social Media in das Employer Branding eingebunden werden können, um einen zeitgemäßen Zugang zu den verschiedenen Zielgruppen aufzubauen. Die Individualisierung und Personalisierung von Informationen im Web 2.0, sowie der dialogbasierte, interaktive Austausch zwischen Arbeitgeber und potenziellen Kandidaten, unterstützen den Aufbau und die Führung einer attraktiven Arbeitgebermarke (vgl. Kästner 2010,S. 10). Nun wird gezeigt, wie die Erfolgsfaktoren des Employer Branding im Bereich der Social Media berücksichtigt und umgesetzt werden können. Anschließend wird anhand ausgewählter Fallbeispiele dargestellt, inwieweit Unternehmen in ihrer Social Media Präsenz die Erfolgsfaktoren des Employer Branding in die Praxis umsetzen konnten.

4.1 Übertragung der Erfolgsfaktoren des Employer Branding in das Setting der Social Media

Folgend werden die in Kapitel 2.5 ermittelten Erfolgsfaktoren des Employer Branding in das Setting der Social Media übertragen. Dazu werden Kriterien definiert, anhand derer die Erfolgsfaktoren im Bereich der Social Media überprüft werden können.

4.1.1 Vermittlung von Glaubwürdigkeit & Authentizität

Die Glaubwürdigkeit und Authentizität eines Arbeitgebers gelten wie bereits in Kapitel 2.4.2 dargestellt als ein wichtiger Erfolgsfaktor im Employer Branding. Diese Attribute sind jedoch nicht schlicht beobachtbar, wie z. B. andere in Zahlen messbare Größen, sondern sie müssen von der Zielgruppe implizit wahrgenommen werden. Hier gilt es zu ermitteln, welche Kriterien im Einsatz der Social Media, der avisierten Zielgruppe Glaubwürdigkeit und Authentizität vermitteln. Es gibt verschiedene Faktoren die die Glaubwürdigkeit eines Arbeitgebers beeinflussen. Im Bereich der Außendarstellung des Arbeitgebers in den Social Media kann jedoch nur das beurteilt werden, was extern beim Rezipienten ankommt. Verschiedene Quellen bestätigen, dass plakative Werbeaussagen und aufwendige Unternehmenspräsentationen weniger glaubhaft bei potenziellen Bewerbern ankommen als z. B. Hintergrundinformationen von internen Mitarbeitern (vgl. Dehlsen/Franke 2009, S. 156). Wenn Mitarbeiter von ihren konkreten Erfahrungen im Unternehmen berichten, entsteht ein authentisches Bild des Arbeitgebers sowie eine erkennbare Darstellung der gelebten Kultur im Unternehmen. Mitarbeiter gelten als Botschafter der Arbeitgebermarke und sollten deshalb auch in die operativen Employer Branding Aktivitäten eingebunden werden. Dadurch erhöht sich ebenfalls ihre Identifikation mit dem Arbeitgeber, was zusätzlich die Glaubwürdigkeit der vermittelten Botschaften verstärkt (vgl. Dehlsen/Franke 2009, S. 161). Daraus lässt sich schließen, dass Mitarbeiter im Bereich der Social Media als so genannte Testimonials eingesetzt werden sollten, um die Authentizität und Glaubwürdigkeit eines Arbeitgebers zu erhöhen. Dafür stehen verschiedene Möglichkeiten zu Verfügung. Will ein Arbeitgeber in den Social Media Kanälen die verschiedenen Unternehmensbereiche darstellen, gelingt das z. B. besonders glaubwürdig wenn Mitarbeiter der entsprechenden Abteilung in einem YouTube Video darüber erzählen. Zusätzlich können die Personalverantwortlichen z. B. auf der Unternehmens-Karriereseite auf Facebook selbst Fragen von Interessenten zum Bewerbungsprozess beantworten und Informationen zu Recruitingmessen- und Events geben. Die Otto Group bietet z. B. einen Blog, der von drei Trainees und vier Berufseinsteigern bei der Otto Group betrieben wird (vgl. eStart Otto Group Blog 2011, S. 1). Die Einbeziehung der Mitarbeiter in die Social Media Aktivitäten um Glaubwürdigkeit zu vermitteln kann in Anlehnung an Esch (vgl. Kapitel 2.5.2) dazu beitragen, ein homogenes Selbst- und Fremdbild als Arbeitgeber nach außen darzustellen.

Ein wesentlicher Aspekt der zur Glaubwürdigkeit des Arbeitgebers in den Social Media beiträgt sind authentische Kommunikationsformen. Da sich in den Social Media die Nutzer offen und engagiert an Gesprächen beteiligen oder Beiträge kommentieren sollten die Unternehmen ebenfalls lernen sich mit einer Stimme an daran zu beteiligen, die diese Art von Nähe suggeriert. Die durchdachte und künstliche Sprache des Marketings findet bei der Zielgruppe kein Gehör, weil sie nicht authentisch wahrgenommen wird. Durch den werblichen Charakter dieser **Sprache** wird die Dialogfähigkeit des Mediums begrenzt (vgl. Michelis 2010, S. 306). Die Kurzvorstellungen und Erfahrungsbereiche der Mitarbeiter, unabhängig ob als Text, Video oder Podcast, sollten natürlich sein und die Persönlichkeit der Mitarbeiter authentisch widerspiegeln (vgl. Eger/Frickenschmidt 2009, S. 131). Das heißt, eine verlegene Geste, ein Räuspern oder der umgangssprachliche Schreibstil sind in den Social Media beim Zielpublikum willkommen.

In Kapitel 3.3.1 wurde bereits gezeigt, wie wichtig die Pflege der Social Media Kanäle ist. Ist z. B. ein Nutzer von Facebook Fan einer Unternehmensseite oder Follower eines Corporate Blogs, so sollten regelmäßig interessante Inhalte zur Verfügung gestellt werden. Die Social Media Kanäle leben vom Dialog und der Interaktion der Nutzer. Wird das auf Seiten des Unternehmens vernachlässigt indem der **Content** nicht gepflegt wird und die **Reaktionszeiten** auf Kommentare und Fragen zu lange dauern, lässt sich daraus schließen, dass der Arbeitgeber an Glaubwürdigkeit verliert und kein echtes Interesse am Dialog zu haben scheint.

4.1.2 Zielgruppenfokus

Der Erfolg des Einsatzes der Social Media im Employer Branding hängt wesentlich davon ab, ob die Auswahl der Social Media Kanäle und ihre Anwendung eine Zielgruppenfokussierung berücksichtigen. Die Kriterien zur Prüfung der Zielgruppenfokussierung im Rahmen des Social Media Einsatzes ergeben sich aus den Erkenntnissen der bereits bearbeiteten Quellen und den daraus abgeleiteten Schlussfolgerungen.

Es gibt verschiedene Möglichkeiten nach Zielgruppen zu differenzieren. Nach dem Status der Qualifikation, z. B. nach Auszubildenden, Studenten und Absolventen, Trainees, Young Professionals oder Führungskräften. Darüber hinaus nach Berufsgruppen, wie z. B. nach Ingenieuren, Informatiker, Betriebswirten etc. oder nach den relevanten Themen im Arbeitslebenszyklus. Dazu gehören z. B. Themen zu Praktika und Abschlussarbeiten, der Jobsuche und dem Bewerbungsverfahren oder Karriere –und Aufstiegschancen (vgl. Trost Kapitel 2.5.3). Wie die avisierten Zielgruppen zusammengefasst werden bleibt jedem Unternehmen selbst überlassen.

Es sollte jedoch innerhalb der Social Media Anwendung **erkenntlich sein, welche Zielgruppe mit diesem Angebot angesprochen werden soll und zu welchem Zweck.** Überprüfen lässt sich dies im Rahmen der Social Media anhand verschiedener Kriterien, die sich aus den Erkenntnissen der behandelten theoretischen Inhalte ergeben:

Wird im Rahmen der Social Media Anwendung eine spezifische Employer Brand Promise deutlich, die den funktionalen und emotionalen Nutzen des Arbeitgebers deutlich macht (vgl. Mosley Kapitel 2.3.2)?

Haben die Inhalte und Interaktionsmöglichkeiten der Social Media Anwendung das Potenzial an den relevanten Themen der Zielgruppe anzuknüpfen (vgl. Trost Kapitel 2.5.3)?

Geht hervor, welche Zielsetzung mit der Social Media Anwendung verfolgt wird? In Kapitel 3.2 wurden verschiedene Social Media vorgestellt und ermittelt, welcher Kanal sich bevorzugt für welche Zielsetzung eignet. Xing eignet sich z. B. durch die Funktionen zur Jobsuche als Businessnetzwerk besser für das Recruiting im Vergleich zu Twitter, welches vermehrt zur Beziehungs- und Imagepflege ergänzend zum Einsatz kommt.

Anhand von Kennzahlen des Social Media Monitorings lassen sich auch Schlüsse darüber ziehen, ob eine Social Media Anwendung bei der Zielgruppe ankommt oder nicht (vgl. Weinberg Kapitel 3.3 Social Media Monitoring). Auch als externer Nutzer der Plattform lässt sich z. B. von der Anzahl der Fans einer Facebookseite oder der Follower bei Twitter schließen, ob die dargebotenen Inhalte auf Resonanz stoßen.

4.1.3 Emotionalisierung & Differenzierung

In Kapitel 2.5.4 wurde dargestellt, warum die Emotionalisierung der Zielgruppe und die Differenzierung vom Wettbewerb als Erfolgsfaktor des Employer Branding gesehen werden können. Da sich viele Arbeitgeber in ihren Leistungen ähneln sollte auch im Content der Social Media Anwendungen deutlich werden, was den signifikanten Unterschied zum Wettbewerb ausmacht (vgl. Moroko/Uncles Kapitel 2.5.4). Rosenstiel und Neumann haben gezeigt, dass eine emotional ansprechende Kommunikation nicht nur zur Differenzierung beiträgt, sondern zur besseren und schnelleren Verarbeitung der Botschaften. Darüber hinaus zeigte sich dadurch auch eine positivere Einstellung dem Arbeitgeber gegenüber. Die Employer Value Proposition, die in Kapitel 2.3.2 vorgestellt wurde, betont das Alleinstellungsmerkmal des Arbeitgebers, welches ebenfalls so prägnant und bildhaft formuliert sein sollte, um eine Differenzierung vom Wettbewerb zu unterstützen (vgl. Mosley Kapitel 2.3.2). In Kapitel 2.3.3 wurden Grundlagen des Konsumentenverhaltens vorgestellt, die Rückschlüsse auf die Gestaltung von Kommunikationsmaßnahmen ermöglichen. Demnach wurde deutlich, dass die Wahrnehmung der Kommunikationsinhalte die erste Hürde ist um eine Employer Brand in den Köpfen der Zielgruppe zu verankern (vgl. Rosenstiel/Neumann Kapitel 2.3.3, Informationsverarbeitung). Als zweite Hürde die besonders im Anwendungsfeld der Social Media Beachtung finden sollten ist das low-involvierte Nutzer durch die Gestaltung der Kommunikationsinhalte aktiviert werden und sich dadurch mit einer erhöhten Aufmerksamkeit den Informationen zuwenden können (vgl. Kroeber-Riel/Weinberg Kapitel 2.3.3, Involvement). Für die inhaltlichen Gestaltung der Social Media Anwendungen lassen sich folgende Kriterien ermitteln, um die Emotionalisierung der Nutzer zu begünstigen und die Differenzierung des Arbeitgebers vom Wettbewerb zu erleichtern:

• Eine erkennbare und außergewöhnliche Employer Value Proposition

Die Verwendung und Integration von aktivierenden Social Media Anwedungen von wie z. B. Videos und Podcasts sowie die Unterstützung der Inhalte durch einprägsame Musik oder Motive. In Kapitel 3.2.5 wurde gezeigt, dass Videos etc. im Vergleich zu Texten ein erhöhtes Aktivierungspotenzial aufweisen. Insbesondere Videos von Mitarbeitern die über ihre Erfahrungen im Unternehmen berichten tragen zur Emotionalisierung der Nutzer bei (vgl. Beck Kapitel 3.2.5, YouTube & Multimedia).

4.1.4 Einbindung der Unternehmensspitze

In Kapitel 2.5.5 wurde die Einbindung der Unternehmensspitze in das Employer Branding als Erfolgsfaktor ermittelt. Das Management ist dafür verantwortlich die organisatorischen Rahmenbedingungen für den Aufbau und die Führung der Employer Brand zu schaffen (vgl.

Wiese Kapitel 2.5.5). Folgend stellt sich die Frage, inwieweit die Unternehmensspitze die Social Media Aktivitäten unterstützen kann. Die Beteiligung der Unternehmensspitze im Employer Branding Prozess zeugt von der Verbindlichkeit und dem Stellenwert, welchem dem Aufbau und der Führung einer starken Employer Brand im Unternehmen beigemessen werden. Da das Management darüber hinaus die Corporate-und Employer Brand nach innen wie nach außen repräsentiert, obliegt ihm auch die Funktion als Markenbotschafter (vgl. Kriegler Kapitel 2.5.5). Um Synergieeffekte innerhalb der Erfolgsfaktoren zu schaffen und die Offenheit für die Kommunikation in den Social Media zu bekunden, sollte sich die Unternehmensspitze an der Kommunikation beteiligen. Ein Corporate-Blog ist z. B. eine Möglichkeit, Geschäftsführer oder Vorstände direkt in die Kommunikation einzubinden. In Form eines unternehmensinternen oder öffentlichen Blogs kann ein Vertreter der Unternehmensspitze über aktuelle Themen, Fakten und Projekte berichten. Durch die Schilderung von persönlichen Sichtweisen und Wertungen trägt das nicht nur zu einer authentischeren Kommunikation bei, sondern auch dazu die Unternehmenskultur zu stärken und identitätsstiftend zu wirken. Praktiziert wurde ein Corporate Blog z. B. von einem ehemaligen Vorstandsvorsitzenden der Siemens AG. Der Blog richtete sich ausschließlich an die internen Mitarbeiter, die regelmäßig über neue Technologien, Trends und Innovationen informiert wurden. Die Mitarbeiter hatten die Möglichkeit auf die Beiträge mit eigenen Kommentaren zu reagieren. Ein weiteres Beispiel für die Kommunikation der Unternehmensspitze in den Social Media ist Bill Marriott, der CEO einer renommierten Hotelkette. In dem öffentlichen Blog berichtet Marriott über persönlich Einschätzungen und Erlebnisse in der Hotelbranche, aber auch über private Kinobesuche (vgl. Hettler 2010, S. 182).

Um den Kontrollverlust der durch die Social Media für Unternehmen einher geht sollte sich die Unternehmensspitze auch eingehend mit der Festlegung von Social Media Guidelines befassen. In Kapitel 3.3.3 wurde auf die Gefahren des Social Media Einsatzes hingewiesen sowie auf die Notwendigkeit für die internen Mitarbeiter einen gewissen Handlungsrahmen in der Anwendng der Social Media abzustecken. Außerdem wurde gezeigt, dass ein Handlungsplan für den Umgang mit negativen Äußerungen bezüglich des Unternehmens feststehen sollte um Imageverluste und Umsatzeinbußen zu vermeiden. Die Unternehmensspitze ist also gefordert präventiv auf alle Eventualitäten gefasst zu sein und im Krisenfall souverän mit Kritik umgehen zu können. Des Weiteren sollte die Koordination der Social Media Aktivitäten im Unternehmen geklärt sein. Oft sind die damit einhergehenden Aufgaben so umfangreich, dass sie in manchen Unternehmen nicht einfach nebenher erledigt werden können, und eine zentrale Instanz beordnet werden sollte. Da die Kommunikation in den Social Media von einem schnellen Informationsaustausch geprägt ist sollten lange Entscheidungswege und Freigaben innerhalb des Unternehmens vermieden werden. Über die Sinnhaftigkeit der

Einführung eines so gennannten „Chief Social Media Officers" der über mehrere Instanzen handlungs- und entscheidungsbefugt ist sollte sich die Unternehmensspitze ebenfalls Gedanken machen (vgl. Bernauer/Hesse/Laick et al. 2011, S. 122).

4.1.5 Kontinuität und Konsistenz

In Kapitel 2.5.6 wurde gezeigt, dass eine konsistente Gestaltung der Kommunikationsmittel von hoher Bedeutung für den Arbeitgeberauftritt ist. Zum einem um Widersprüche in der innen- und außengerichteten Kommunikation zu vermeiden und zum anderen um ein starkes Markenbild aufzubauen. Treffern die Rezipienten immer wieder auf eine corporate-design-konforme Gestaltung der Social Media Kanäle, wird die Erinnerungsleistung der Rezipienten unterstützt. Bereits in Kapitel 2.3.3 wurde erläutert, dass die Gestaltung der Kommunikationsmaßnahmen im Rahmen der Umsetzung im Employer Branding Prozess in Anlehnung an die Corporate Identity erfolgen sollte. Diese Schlussfolgerung ergibt sich aus der identitätsbasierten Führung der Employer Brand, die als Teilaspekt des Corporate Branding verstanden wird (vgl. Kapitel 2.3.1 Fauth/Müller/Straatmann). Dabei eignen sich insbesondere formale Gestaltungsmittel um die Bekanntheit und Stärkung der Employer Brand zu unterstützen (vgl. Esch/Hardiman/Mundt Kapitel 2.5.6). Im Bereich der Social Media lässt sich die konsistente Umsetzung der Arbeitgebermarke prüfen indem darauf geachtet wird, dass sich formale Gestaltungsmittel an dem Design der Corporate Brand orientiert und einen Wiedererkennungseffekt über alle Social Media Kanäle hinweg ermöglicht. Es ist ebenfalls zu empfehlen, vorausgesetzt es passt zur Employer Branding Strategie, verschiedene Social Media Kanäle einzusetzen. Die kontinuierliche Konfrontation mit den Kommunikationsinhalten, sei es zufällig, trägt dazu bei die gelernten Vorstellungsbilder in Bezug auf die Employer Brand wieder aufzufrischen (vgl. Petkovic Kapitel 2.5.6).

Darüber hinaus wurde ich Kapitel 3.3.2 erläutert, dass die Vernetzung und Integration der Social Media Anwendungen Synergieeffekte erlaubt. Diese Verlinkungen tragen dazu bei die Aufmerksamkeit der Nutzer auch auf wenig frequentierte Social Media Kanäle zu lenken, was im Gegenzug zur kontinuierlichen und konsistenten Verbreitung der Informationsinhalte beiträgt. Beispielsweise trägt die Integration der Social Media Anwendungen in die klassische Karrierewebsite eines Unternehmens dazu bei, die Wechselwirkung zwischen dem Employer Branding und dem Recruiting zu verstärken und den Nutzen insgesamt zu erhöhen (vgl. Frickenschmidt/Eger 2009, S. 133 f.). Die Abbildung 9 stellt eine Zusammenfassung der bisherigen Erkenntnisse dar und zeigt die Erfolgsfaktoren des Employer Branding im Bereich der Social Media. Anhand der ermittelten, beobachtbaren Kriterien lässt sich in der Praxis prüfen, ob die Erfolgsfaktoren im Einsatz der Social Media Berücksichtigung finden.

Abb. 9: Erfolgsfaktoren des Employer Brandings, beobachtbare Kriterien in den Social Media (eigene Darstellung)

4.2 Aufbau und Vorgehensweise der Unternehmensanalyse

Folgend wird anhand von Unternehmensbeispielen geprüft, inwieweit die Erfolgsfaktoren des Employer Branding im Bereich der Social Media in der Praxis angewendet werden. Als empirische Methode zur Überprüfung wird eine strukturierte, nicht-teilnehmende Beobachtung herangezogen. Die in 4.1 ermittelten Kriterien fungieren als standardisiertes Beobachtungsschema. Dadurch soll die Vergleichbarkeit der beiden Unternehmensbeispiele gewährleistet werden sowie nur die Daten zu erfassen, die dem Forschungsziel direkt dienen. Ein Vorteil einer sinnvollen Strukturierung der Beobachtung liegt darin, dass eine hohe Reliabilität gewährleistet wird. Die Anwendung des Beobachtungsschemas soll somit in der Praxis den Mehrwert bieten, dass verschiedene Beobachter zu denselben Ergebnissen kommen können (vgl. Gehrau 2002, S. 38 f.). Darüber hinaus ermöglicht das Beobachtungsschema die Einschätzung eines erfolgsversprechenden Social Media Einsatzes im Rahmen des Employer Branding.

Die Unternehmensanalyse beginnt mit einer kurzen Vorstellung des jeweiligen Unternehmens. Bei international agierenden Unternehmen liegt der Fokus auf den Social Media Aktivitäten in Deutschland. Neben allgemeinen Fakten zum Unternehmen wird der Stellenwert des Employer Branding für das Unternehmen beleuchtet. Anschließend wird ein Überblick verschafft, welche Social Media Anwendungen das Unternehmen einsetzt. Anhand der ermittelten Beobachtungskriterien werden die eingesetzten Social Media Plattformen parallel analysiert und den jeweiligen Erfolgsfaktoren zugeordnet. Aus den Beobachtungen wird in einem Zwischenfazit abgeleitet, ob auf die Berücksichtigung der Erfolgsfaktoren im Rahmen des Employer Branding zu schließen ist.

Die Auswahl der Unternehmen erfolgte im Hinblick auf das Potenzial, einen größtmöglichen Erkenntnisgewinn zu erzielen. Bewusst wurde ein bekannter Konzern einer beliebten Branche, einem mittelständischen Konzern gegenüber gestellt, welcher weniger von der Popularität der Branche im Einsatz der Social Media profitieren kann. Dadurch soll deutlich werden, welches Wertschöpfungspotenzial der Einsatz von Social Media im Employer Branding hat, auch wenn sich Unternehmen geringerer Bekanntheit unter Umständen mit stärkeren Hürden konfrontiert sehen.

4.3   Fallbeispiel 1: Die Deutsche Lufthansa AG

Die Deutsche Lufthansa AG ist ein international tätiges Luftverkehrsunternehmen mit Sitz in Köln. Das Unternehmen kann auf eine langjährige Unternehmensgeschichte zurückblicken, die die Entwicklung vom „Staatsbetrieb" zu einem der weltweit führenden Aviations-Konzerne dokumentiert (vgl. Krüger 2009, S. 328). Zum Konzern gehören über 400 Tochter- und Beteiligungsgesellschaften die Ende 2010 einen Jahresumsatz von 27, 3 Milliarden Euro erwirtschaftet hat und 117.000 Mitarbeiter beschäftigte. In fünf Geschäftsfeldern bietet die Deutsche Lufthansa AG Dienstleistungen für Fluggesellschaften an (vgl. Deutsche Lufthansa AG 2011a). Neben dem Passagierverkehr mit über 90 Millionen Fluggästen wird auch der Luftfrachtverkehr im Bereich der Logistik bedient. Darüber hinaus ist die Lufthansa AG führend in den Geschäftsfeldern des Airline Caterings, der Beratungs- und IT Dienstleistungen für die Aviationsindustrie und im Anwendungsfeld flugzeugtechnischer Dienstleistungen (vgl. Deutsche Lufthansa AG 2011a).

4.3.1   Employer Branding bei Lufthansa

Der Deutsche Lufthansa Konzern gehört seit Jahren zu einem der beliebtesten Arbeitgebern in Deutschland. Auch 2011 belegt die Lufthansa den dritten Platz der Top-10-Arbeitgeber neben BMW und Audi. Das belegt das Berliner Beratungsunternehmen „Trendance", welches jährlich eine Studie an rund 117 deutschen Hochschulen durchführt mit bis zu 23.000

examensnahen Studierenden (vgl. Werle 2011, S. 1). In einer weiteren aktuellen Studie zur Wirkung von Social Media im Personalmarketing wurden Studierende in einer offenen Fragestellung gefragt, welche Unternehmen sie mit Social Media Aktivitäten zur Arbeitgeberattraktivität in Verbindung bringen. Auch in diesem Fall belegt die Deutsche Lufthansa AG den zweiten Platz (vgl. embrander.de 2011,S. 1).

Auch die Lufthansa hat erkannt, dass qualifizierte und begeisterte Mitarbeiter besonders im Dienstleistungsbereich von herausragender Bedeutung sind, da sie in direktem Kundenkontakt stehen und dadurch die Employer Brand unmittelbar repräsentieren (vgl. Krüher 2009, S. 319). Die Leitidee für das Employer Branding der Lufthansa ist der Claim „Be-Lufthansa", der sowohl für bestehende als auch für potenzielle Mitarbeiter als Identifikationsanker dient und die Vielfältigkeit des Konzerns erlebbar machen soll. Dieser Claim wird mit Attributen kombiniert, die die Kernwerte des Konzerns repräsentieren. Beispielsweise wird der Wert Qualität mit folgenden Attributen zum Ausdruck gebracht: Be passionate. Be perfect. Be different. Der Wert Teamfähigkeit wird erlebbar durch die Attribute "Be connected", "Be kooperative" und "Be engaging". Die Leitidee „Be Lufthansa" wurde seit 2006 kontinuierlich zur Ansprache bekannter und neuer Zielgruppen weiterentwickelt (vgl. Krüger 2009, S. 330 ff.). Mit 115.000 Online-Bewerbungen im Jahr 2010 lässt sich schließen, dass die Deutsche Lufthansa AG als ein besonders attraktiver Arbeitgeber bewertet wird (vgl. Deutsche Lufthansa AG 2011c, S. 1)

4.3.2 Präsenz in den Social Media & Überprüfung der Erfolgsfaktoren

Seit 2002 ist das Internet die zentrale Plattform des Personalmarketings der Lufthansa AG (vgl. Krüger 2009, S. 331). Die Lufthansa AG ist auf allen gängigen Social Media Plattformen teilweise sogar mehrfach vertreten (vgl. Deutsche Lufthansa AG 2011d, S. 1). Da die Lufthansa AG ein Dienstleistungsunternehmen ist welches hauptsächlich in ihren Kommunikations- und Handelbeziehungen mit Privatpersonen bzw. Konsumenten interagiert, dient der Einsatz der Social Media Anwendungen verstärkt dem Abverkauf ihrer Leistungen (vgl. Wingenter 2010). Um das Social Media Marketing zur Vermarktung ihrer Leistungen vom Employer Branding abzugrenzen und um den Umfang der Untersuchung nicht zu sprengen liegt der Fokus der Betrachtung auf den Social Media Kanälen, die primär auf das Recruiting neuer Mitarbeiter abzielen.

Neben der offiziellen Lufthansa Fanpage auf Facebook die vornehmlich einen werblichen Charakter aufweist, ist die Fanseite des Karriereportals www.Be-Lufthansa.com ebenfalls bei Facebook vertreten. Darüber hinaus besteht der Twitter Account „Be-Lufthansa" und ein allgemeines Lufthansa Unternehmensprofil bei XING. Der YouTube Channel bietet eine

Auswahl von rund 46 Videos zu unterschiedlichen Themen. Folgend werden die Social Media Kanäle im Hinblick auf die Erfolgsfaktoren des Employer Branding parallel betrachtet und anschließend interpretiert.

4.3.2.1 Kontinuität und Konsistenz

- Vernetzte und integrierte Anwendungen

Der Online-Auftritt von Unternehmen gilt bekanntlich als erste Anlaufstelle um sich über einen potenziellen Arbeitgeber zu informieren (vgl. Bönisch 2007, S.1). Auf der allgemeinen Homepage des Unternehmens www.lufthansa.com werden primär die Dienstleistungen des Konzerns für den Passagierverkehr angepriesen. Über den Reiter „Jobs & Karriere" wird man direkt auf das Karriereportal www.Be-Lufthansa.com weitergeleitet, wo der Hinweis zur Facebook Karrierefanpage „Be-Lufthansa" verwiesen wird.

Möchte sich ein potenzieller Bewerber erst allgemeine Informationen zum Unternehmen einholen, so muss dieser erst auf der allgemeinen Hompage www.lufthansa.com den Reiter „Konzern" aufrufen. Auf der Konzernhomepage der Deutschen Lufthansa AG angekommen, gelangt der potenzielle Beweber über den Reiter „Karriere", wieder zum Karriereportal „Be Lufthansa" (vgl. Deutsche Lufthansa 2011e). Einen Hinweis auf den Einsatz weiterer Social Media Plattformen findet sich außer in dem Karriereportal „Be Lufthansa" auf der Startseite der allgemeinen Homepage des Unternehmens, auf www.lufthansa.com. Dort wird auf die allgemeine Unternehmensfanpage auf Facebook verwiesen und verlinkt, sowie auf den Twitter Deutschland Account. Darüber hinaus zeigt sich auch eine Verlinkung zu dem so genannten Social Media Newsroom (vgl. Abb. 10).

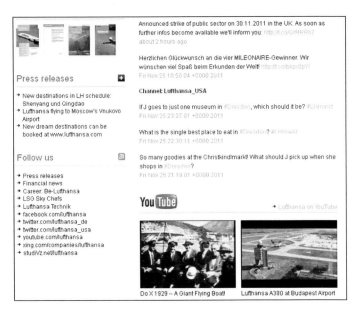

Abb. 10: Social Media Newsroom Lufthansa AG
(Deutsche Lufthansa AG 2011d)

Dieser ist dafür gedacht alle Online Aktivitäten der Lufthansa AG auf einer Seite zu bündeln und per Newsfeeds aktuelle Meldungen der Facebook Fanpage für Kunden[3] und des Twitter Accounts einzusehen. Darüber hinaus wird gezeigt über welche Plattformen man der Lufthansa noch folgen kann.

Über Direktverlinkungen kann man der Lufthansa auf die entsprechenden Seiten folgen. Hier fällt auf, dass die intermediale Vernetzung nicht optimal ausgeschöpft wurde. Der Social Media Newsroom suggeriert dem Nutzer alle relevanten Plattformen direkt erreichen zu können. Die Facebook Fanpage des Karriereportals „Be-Lufthansa" ist jedoch nicht per Direktverlinkung vertreten und auch nicht durch einen Verweis kenntlich gemacht (vgl. Abb. 11). Die „Be-Lufthansa" Facebook Fanpage wird somit nur im Karriereportal angepriesen.

Die intramediale Vernetzung der einzelnen Social Media Anwendungen der Lufthansa scheint bewusst limitiert zu sein. In dem Karriereportal „Be-Lufthansa" wir ausschließlich auf die Facebook Fanpage des Karriereportals verwiesen. Die Facebook Fanpage der Lufthansa für Kunden verweist ebenfalls nicht auf die Fanseite des Karriereportals oder auf andere Social Media Anwendungen (vgl. Facebook.com 2011a). Ebenso verhält es sich mit der

---

[3] Dass die allgemeine Lufthansa Fanpage auf Facebook für ihre Kunden zugeschnitten ist geht aus folgendem Link hervor: http://newsroom.lufthansa.com/facebook

XING Unternehmensseite und dem Twitter Account (vgl. XING Deutsche Lufthansa AG 2011 & Twitter Be -Lufthansa 2010). Um die Social Media Plattformen besser untereinander zu vernetzen bietet XING Profil-Logos, die sich in andere Websites oder Social Media Plattformen integrieren lassen. Die User werden dadurch direkt auf die Profilseite bei XING gelenkt (vgl. XING AG 2011c).

Die Beobachtungen hinsichtlich der Vernetzung und der Integration der Social Media Anwendungen der Lufthansa AG lassen darauf schließen, dass eine Trennung der Social Media Marketing Aktivitäten von den Social Media Aktivitäten mit Recruiting- und Karrierebezug vorliegt. Dadurch können unausgeschöpfte Synergieeffekte Brach liegen, da die zusätzliche Verlinkung der Plattformen die Aufmerksamkeit der Nutzer auf die Karrierefanpage von Facebook und andere Anwendungen gelenkt werden kann. Darüber hinaus wird die Orientierung der Interessenten erleichtert, wenn der Zugang zu allen relevanten Kanälen gebündelt gewährleistet ist. Der Social Media Newsroom ist zwar ein Schritt in diese Richtung, er berücksichtigt jedoch primär die Interessensgebiete der Kunden. Die strikte Trennung der Vernetzung aller Social Media Anwendungen lässt vermuten, dass vornehmlich werblich fokussierte Social Media Kanäle klar von Kanälen getrennt werden, die auf das Recruiting abzielen.

• Berücksichtigung des Corporate Designs

Bei der Gestaltung der Facebook Fanseite „Be Lufthansa" wurde das Corporate Design des Unternehmens berücksichtigt. Facebook bietet von bei der formellen Gestaltung der Fanseiten nur wenig Möglichkeiten zur Individualisierung. Dennoch finden sich das klassische Lufthansa Logo und die farbliche Gestaltung der Karrierewebsite im Profilbild der Fanpage wieder (vgl. Be Lufthansa Facebook 2011). Ebenso stellt es sich beim Twitter Account „Be Lufthansa" dar (vgl. Twitter Be Lufthansa 2010). Das Unternehmensprofil der Lufthansa AG bei XING bietet auch nur eingeschränkte Gestaltungsmöglichkeiten, so dass sich lediglich das Unternehmenslogo als Wiedererkennungsanker anbietet (vgl. XING Deutsche Lufthansa AG 2011).

Die Beobachtungen lassen die Annahme zu, dass die konsistente Umsetzung des Corporate Designs bei der Gestaltung der Social Media Plattformen berücksichtigt wurde. Dadurch wird ein Wiedererkennungseffekt über alle Kanäle hinweg möglich. Die formale Gestaltung ist jedoch im Rahmen der Plattformen nur eingeschränkt gegeben. Die Kombination verschiedener Social Media Kanäle kann dazu beitragen die Bekanntheit der Employer Brand zu stärken (siehe 4.1.5 Konsistenz).

4.3.2.2 Zielgruppenfokus

Folgend werden die verschiedenen Social Media Plattformen aufgrund der zahlreichen zu überprüfenden Kriterien nach einander beobachtet und interpretiert.

Die **Fanpage des Karriereportals „Be Lufthansa" auf Facebook** zeigt eine *klare Zielsetzung.* Sie bietet Informationen zu den Einstiegsmöglichkeiten bei der Lufthansa und zu interessanten Themen rund um den Bewerbungsprozess. Unter der Rubrik „Jobsuche" besteht die Möglichkeit nach aktuellen Stellenausschreibungen zu suchen und die Ergebnisse nach entsprechenden Präferenzen zu filtern (vgl. Facebook.com 2011b). Dabei wird auf die *unterschiedlichen Zielgruppen* und deren Interessengebiete unter der Rubrik „Einstieg" eingegangen. Es wird darüber hinaus differenziert nach dem Status der Qualifikation in z. B. Schüler und Schulabgänger, Studierende und Hochschulabsolventen sowie Berufseinsteiger und Berufserfahrene. Außerdem sind Berufsgruppen identifiziert, die kontinuierlich gefragt sind wie z. B. Piloten und Flugbegleiter. Diese sind jeweils direkt verknüpft mit der entsprechenden Seite im Karriereportal www.be-lufthansa.com (vgl. Facebook.com 2011c). Bei der Betrachtung der Inhalte ist keine Employer Brand Promise erkennbar, die den funktionalen und emotionalen Nutzens des Arbeitgebers zielgruppenspezifisch auf den Punkt bringt. Auf der Pinnwand finden sich regelmäßig Beiträge in Form von YouTube Videos, die reale Einblicke der Auszubildenden über ihre Ausbildung im Unternehmen dokumentieren sowie Praktika im Ausland. Des Weiteren zeigen sich rege Dialoge zwischen dem Be-Lufthansa Team und Interessenten die die Pinnwand aktiv nutzen um auch persönliche Fragen zu stellen. Aktuell hat die Fanseite laut der Seitenstatistik 20.343 Fans und 560 Nutzer die darüber sprechen (vgl. Facebook.com 2011d). Die Karriereseite der Lufthansa bei Facebook weist neben BMW und Audi die meisten Fans auf (vgl. Hurrle 2011, S. 2). Die Anzahl der Fans einer Seite sagt jedoch nichts über die tatsächliche Qualität der Fanseite aus. Vielmehr die Aktivität der Fans auf der Seite zeugt von einer erfolgreichen Kommunikation mit der Zielgruppe. Als Indikatoren gelten dazu insbesondere die Nutzer die über die Karrierefanseite oder das Unternehmen sprechen. Der so genannte „People-Taking-About-Index erfasst eine große Bandbreite an Interaktionen und befindet sich auf der Fanseit direkt unter der Anzahl der Fans. Dabei werden auch die Nutzeraktivitäten erfasst, die nicht unmittelbar auf der Fanseite stattfinden. Die Bewertung des Erfolgs einzelner Pinnwandeinträge kann durch die so genannte „Engagement Rate" beurteilt werden. Dazu wird die Anzahl der „Gefällt-mir" Klicks und die der Kommentare eines Beitrags in Relation zur Anzahl der Fans gesetzt (vgl. Hurrle 2011, S. 6 ff.).

Die Beobachtungen und Recherchen lassen darauf schließen, dass die Karrierefanseite der Lufthansa AG auf Facebook den Zielgruppenfokus beachtet. Die Zielsetzung das Recruiting der Lufthansa durch den Einsatz der Karriereseite zu stärken geht genauso hervor, wie die Anknüpfung an verschiedene definierte Zielgruppen durch für sie relevante Inhalte.

Das Karriereportal des Lufthansa Konzerns ist auch auf **Twitter** vertreten. Es zeigt sich jedoch, dass das Medium außer einem einzigen Tweet im April 2010, der scheinbar als Test fungierte, keine weiteren Tweets veröffentlicht wurden. Laut der Accountstatistik hat der Tweetkanal 95 Follower und 2 Nutzer, welchen das Be Lufthansa Team folgt (vgl. Twitter Be Lufthansa 2010).

Da keine weiteren Beobachtungen möglich sind lässt sich schließen, dass der Twitter Account in der Social Media Strategie des Employer Branding aktuell nicht verwendet wird. Daraus ergibt sich eine fehlende Zielsetzung und Zielgruppenansprache.

Im Business Netzwerk XING ist die Lufthansa AG mit einem Unternehmensprofil vertreten. Neben allgemeinen statischen Informationen zum Unternehmen unter der Rubrik „Über uns" werden Abonnenten im Newsfeed über Neuigkeiten informiert (vgl. XING Deutsche Lufthansa AB 2011b). Auf die Zielsetzung des Einsatzes dieser Social Media Plattform lässt es sich nur unklar schließen. Da sich XING als Businessnetzwerk insbesondere zur Beziehungspflege eignet und für die Stellensuche bzw. das Recruiting (siehe 3.2.2), sind die Inhalte des Newsfeeds irreführend. Diese weisen einen überwiegend werblichen Charakter auf. Es wird informiert über aktuelle Gewinnspiele, Angebote und Änderungen im Flugverkehr (vgl. XING Deutsche Lufthansa AB 2011a).

Abb. 11: Neuigkeiten der Lufthansa AG bei XING
(XING Deutsche Lufthansa AG, 2011a)

Aktuelle Informationen zu Messen oder Recruitingevents stehen aus. Darüber hinaus ist über XING momentan nur eine Stelle ausgeschrieben. Dabei handelt es sich um ein Praktikum. 5.058 Mitarbeiter der Lufthansa sind bei XING registriert und 12.445 haben das XING Profil abonniert.

Die Beobachtungen lassen vermuten, dass durch das XING Profil nicht die Zielsetzung verfolgt wird, mit potenziellen Bewerbern oder Mitarbeiter in Kontakt zu treten. Die Inhalte richten sich viel mehr an die Kunden der Lufthansa. Die Informationen zum Konzern selbst sind statisch ohne die Arbeitgeberqualität im Besonderen herauszustellen. Aufgrund der zahlreichen Abonnenten und den „als interessant" markierten Beiträgen scheinen die Angebote zumindest bei den aktuellen oder potenziellen Kunden gut anzukommen (vgl. XING Deutsche Lufthansa AG 2011a).

4.3.2.3 Emotionalisierung & Differenzierung

Die Facebook Fanseite des Karriereportals "Be Lufthansa" lässt keine klare Employer Value Proposition erkennen die das Alleinstellungsmerkmal als Arbeitgeber hervorheben könnte. Lediglich der Claim „Be Lufthansa. Be who you want to be" gibt den Leitsatz der Karriereseite wieder, der mittels seines Wiedererkennungswerts zur Differenzierung von anderen Arbeitgebern beitragen kann (vgl. Facebook.com 2011b).

Zur Emotionalisierung der Inhalte werden auf der Fanseite zahlreiche Fotos eingesetzt, die Mitarbeiter in ihrem Unternehmensalltag bei der Lufthansa zeigen. Darüber hinaus wird auf die Rubrik YouTube verwiesen. Die Weiterleitung zum YouTube Channel zeigt sich jedoch als fehlerhaft (siehe Abb. 12). Im Social Media Newsroom der allgemeinen Lufthansa AG Homepage findet sich eine Weiterleitung zum YouTube Channel. Mit 46 Uploads finden sich

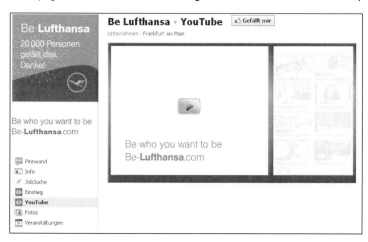

Abb. 12: Be Lufthansa –YouTube Weiterleitung
(Facebook.com 2011f)

Zahlreiche Videos zu unterschiedlichen Themen. Insbesondere finden sich Rückblicke in die Unternehmensgeschichte, Produkteinführungsevents und das Making-Of von Werbeaktionen. Arbeitgeberspezifische Videos sind nicht zu finden, dennoch weisen die Videos ein hohes Aktivierungspotenzial auf, da die bildliche Darstellung der Inhalte zusätzlich durch Musik untermalt ist (vgl. YouTube 2011c).

Auf der Pinnwand der Fanseite sind ebenfalls Videos integriert. Beispielsweise stellen Azubis ihre Ausbildung bei der Lufthansa vor. Dadurch können Interessenten einen lebhaften Einblick in das Unternehmen erhalten und an der persönlichen Sichtweise der Mitarbeiter teilhaben (siehe Abb. 13).

Be Lufthansa hat sein/ihr eigenes Video geteilt: 25. November 2011 05:02.

25. November 2011 05:02

Daniel, ein 16-jähriger Schüler des Internats "Schloss Hansenberg" hat die Möglichkeit erhalten, ein 4-wöchiges Praktikum bei Lufthansa in Beijing zu absolvieren. An seiner Zeit in China möchte er die Be Lufthansa fans teilnehmen lassen und startet eine Video Dokmentation seines Aufenthalts. Im ersten Teil startet Daniel mit seinen Vorbereitungen. Viel Spass Ihr Be Lufthansa facebook team (fs)
Dauer: 3:36

Gefällt mir · Kommentieren · Freitag um 06:22 ·

David Hutchins, Kerstin Kärner, Joachim Sokolowski und 10 anderen gefällt das.

2 Mal geteilt

 Be Lufthansa

Was macht eigentlich eine Kauffrau für Bürokommunikation?
Kopieren, Ablage oder doch nur Kaffee kochen?! Nein, eine Ausbildung bei Lufthansa sieht ganz anders aus. In unserem Video stellen Ihnen unsere aktuellen Azubis ihren Ausbildungsgang vor. Haben wir Ihr Interesse geweckt? Dann bewerben Sie sich hier: http://bit.ly/tImf2l. Viele Grüße Ihr Be Lufthansa facebook team (je,yh)

 **Azubis stellen ihre Ausbildung vor: Kaufleute für Buerokommunikation bei Lufthansa HD**
www.youtube.com

Azubis stellen Ihre Ausbildung vor: Kaufleute für Bürokommunikation. Unsere Azubis erzählen von ihren spannenden Einsätzen in einem faszinierenden Luftfahrtu...

Gefällt mir · Kommentieren · Freitag um 05:25 ·

Abb. 13: Videos auf der Facebook Pinnwand
(Facebook.com 2011d)

Durch die Beobachtungen kann man vermuten, dass die Deutsche Lufthansa AG um eine emotionale und anschauliche Vermittlung der Inhalte bemüht ist. Da das XING Profil primär an den Interessen der Kunden ausgerichtet ist, wurde die Emotionalisierungswirkung der Newsfeeds bei XING nicht in die Bewertung mit aufgenommen.

4.3.2.4 Glaubwürdigkeit & Authentizität

Es wurde bereits gezeigt, dass die Pinnwand der Fanseite des Karriereportals „Be Lufthansa" durch Videos lebendig gestaltet ist. Der 16-jährige Schüler Daniel dokumentiert z. B. in einem selbstgedrehten Video seine Erfahrungen im Praktikum bei Lufthansa Beijing (vgl. Facebook.com 2011d, Beitrag vom 25.11.11). Gibt man im YouTube Suchfeld das Stichwort „Be Lufthansa" ein, erscheinen zahlreiche Treffer mit unterschiedlichen Inhalten. Es wird z. B. informiert wie ein Telefoninterview bei der Lufthansa abläuft, warum die Lufthansa

74

Online-Tests durchführt oder wie ein Duales Studium bei der Lufthansa abläuft (siehe Abb. 14). Alle Videos weisen die Gemeinsamkeit auf, dass sich reelle Mitarbeiter der Lufthansa zeigen, die entweder selbst von ihren Erfahrungen berichten oder HR-Mitarbeiter die bei ihrer alltäglichen Arbeit gezeigt werden.

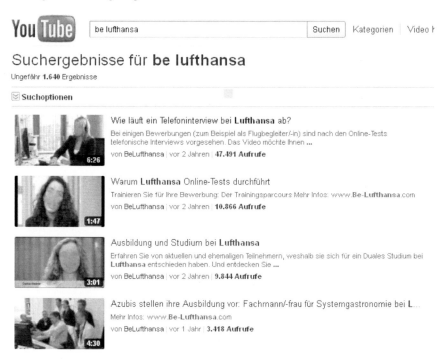

Abb. 14: Be Lufthansa Suchergebnisse bei YouTube
(YouTube 2011d)

Die Fanseite des Karriereportals wird durch die Verantwortlichen bei Lufthansa sehr gepflegt. Jeden fast jeden Tag wird mindestens ein Beitrag auf der Pinnwand erstellt oder mit den Fans geteilt. Darüber hinaus gehen täglich Anfragen von Fans oder Nutzern an das Lufthansa Team ein. Jede Frage wird beantwortet und die Reaktionszeit des Be-Lufthansa-Teams beträgt von einigen Minuten bis zu einigen Stunden. In der Regel wird noch am gleichen Tag geantwortet. Die Kommentare und Antworten des Lufthansa Facebook Teams sind personalisiert, indem am Ende der Antwort das Kürzel derjenigen Person steht, die die Antwort verfasst hat. Die verwendete Sprache auf der Fanseite zeigt, dass es sich um einen beruflichen Kontext handelt, da sich die Dialogpartner sietzen. Dennoch wird nah an der Zielgruppe kommuniziert, da die Sprache weder werblich ist noch zu förmlich (siehe Abb. 15).

Werner Hegel

Hallo liebes Be Lufthansa Team ich würde mich bei Ihnen im Haus für eine Stelle als Flugbegleiter intressieren ist derzeit Bedarf in Frankfurt oder München. Weil ich habe heute gelesen das die Lufthansa kein Personal mehr aufstocken möchte? lg

Gefällt mir · Kommentieren · 24. November um 06:32 ·

> **Be Lufthansa** Lieber Herr Hegel, Flugbegleiter sind derzeit sowohl in Frankfurt als auch in München auf Warteliste ausgeschrieben. D.h. Sie können sich gerne bewerben, jedoch sollten Sie mit einer Wartezeit rechnen. Viele Grüße Ihr Be Lufthansa facebook team (yh)
> vor 24 Minuten

Mohamed Dahir

Liebes Lufthansa-Team, ich habe meine Ausbildung als Fachkraft für Lagerlogistik in diesem jahr abgeschlossen und habe ein 6 monatige erfahrung in der Luftfracht, ich würde gerne mich bei der Lufthansa weiter entwickeln. Meine frage ist, gibt es noch stellen für diesen Beruf und wo genau kann ich die Bewerbung hinschicken. Lieben Gruß und danke

Gefällt mir · Kommentieren · 24. November um 02:01 ·

> **Be Lufthansa** Lieber Herr Dahir, gerne können Sie sich im Lufthansa Konzern bewerben. Alle aktuell ausgeschriebenen Stellen finden Sie hier: http://bit.ly/tD3R1F. Wenn Sie eine passende Stelle gefunden haben, können Sie sich auch direkt online bewerben. Viele Grüße Ihr Be Lufthansa facebook team (yh)
> 24. November um 05:39

Abb. 15: Verwendete Sprache auf Facebook Pinnwand
(Facebook.com 2011d)

Die Beobachtungen lassen vermuten, dass die Lufthansa AG als ein glaubwürdiger und authentischer Arbeitgeber wahrgenommen wird. Dazu tragen die anschaulichen Hintergrundinformationen zum Bewerbungsverfahren bei sowie die Erfahrungsberichte der Mitarbeiter. Dem Nutzer kann dadurch suggeriert werden einen Blick hinter die Kulissen zu erhalten und für sich klären, ob er sich mit dem Unternehmen identifizieren kann. Darüber hinaus weist die rege Pflege der Fanseite durch das Be-Lufthansa-Team lässt auf ein wahres Interesse am Dialog mit der Zielgruppe schließen.

Das XING Profil der Deutschen Lufthansa AG wurde als Anwendung identifiziert, die eher die Bedürfnisse der Kunden anspricht. Dennoch Zeit sich mit 5.060 registrierten Lufthansa Mitarbeitern auch ein Interesse ihrerseits, an den Informationen und Angeboten der Lufthansa. Aus dieser Beobachtung könnte man schließen, dass das Selbstbild der Lufthansa mit dem Fremdbild Übereinstimmungen aufweist, da die Mitarbeiter hinter den Dienstleistungen zu stehen scheinen.

4.3.2.5 Einbindung der Unternehmensspitze

Bisher konnte gezeigt werden, dass es einen von der Unternehmensspitze vorgegeben Handlungsrahmen geben sollte im Umgang mit Krisenkommunikation. Um den Kontrollverlust im Bereich der Social Media einzudämmen empfiehlt sich ein proaktiver Umgang mit prekären Vorfälle (siehe 4.1.4). Als im Mai 2010 ein europaweites Flugverbot verhängt wurde und zahlreiche Flüge gestrichen werden mussten, brachte das auch die Kunden der Deutschen Lufthansa AG zum verzweifeln. Im Gegensatz zu anderen Airlines die ebenfalls wie die Deutsche Lufthansa via Facebook und Twitter in den Social Media aktiv sind, stellte sich die Lufthansa den Anfragen der Kunden direkt auf den jeweiligen Plattformen und informierte über den aktuellen Stand des Sachverhalts (vgl. Pepping 2010, S. 1). Auch im Hinblick auf bevorstehende Pilotenstreiks informiert die Lufthansa proaktiv über Facebook und Twitter durch Verlinkungen zu weiterführenden Informationen und beantwortet Fragen der Kunden (vgl. Schmollgruber 2010, S. 1).

Diese Beobachtungen lassen darauf schließen, dass die Deutsche Lufthansa AG die Gefahr des Kontrollverlustes im Bereich der Social Media proaktiv begegnet. Es scheint eine klare Positionierung im Umgang mit Krisenkommunikation zu bestehen, so dass Imageverluste eingedämmt werden können und die Employer Brand geschützt ist.

Die Beteilung des Managements an der Social Media Kommunikation konnte nicht nachgewiesen werden.

4.3.3 Zusammenfassung & Verbesserungsvorschläge

Es wurde bereits gezeigt, dass diverse Studien die Deutsche Lufthansa als einen besonders attraktiven Arbeitgeber in Deutschland auszeichnen. Zum einen mag es daran liegen, dass die Aviationsbranche neben der Automobilindustrie ebenfalls sehr beliebt ist. Das Fliegen lässt sich assoziieren mit Abenteuer, Urlaub und schönen Reisen. Das ein Grundinteresse in dieser Branche schnell geweckt ist liegt nahe. Darüber hinaus konnte sich im Laufe der langjährigen Unternehmensgeschichte eine starke Employer Brand entwickeln. In der Analyse zeigt sich jedoch, dass die Deutsche Lufthansa AG aus vielen weiteren Gründen zu einem der beliebtesten Arbeitgeber Deutschlands avancieren konnte. Nicht nur der Unternehmenserfolg und die kundenorientierten Leistungen zeugen davon, dass die Lufthansa den richtigen Weg eingeschlagen hat.

Alle im Laufe der Studie ermittelten Erfolgsfaktoren des Employer Branding ließen sich im Rahmen des Social Media Einsatzes der Deutschen Lufthansa AG nachweisen. Besonders positiv hervorzuheben sind die Rückschlüsse, die über die Glaubwürdigkeit und Authentizität des Arbeitgebers geschlossen werden können. Die Mitarbeiter der Lufthansa tragen als

Markenbotschafter zu einem authentischen erleben der Employer Brand bei und unterstützen in diversen Videos zu unterschiedlichen Themen die emotionale Aufladung des Markenkonstrukts. Die Facebook Fanseite des Karriereportals wird vorbildlich gepflegt und geführt, und zeigt darüber hinaus einen starken sowie klaren Zielgruppenfokus. Darüber hinaus konnte eine souveräne Handhabung der Krisenkommunikation im Bereich der Social Media beobachtet werden, wodurch es der Lufthansa gelingt sich von Mitbewerbern zu differenzieren.

Dennoch konnten einige Stellschrauben identifiziert werden, um das Employer Branding der Deutschen Lufthansa AG im Bereich der Social Media zusätzlich zu optimieren. In 4.3.2.1 wurde gezeigt, dass das Social Media Marketing über andere Social Media Plattformen betrieben wird als das Personalmarketing im Bereich der Social Media. Das scheint sinnvoll im Hinblick auf die Trennung der Zielgruppen bzw. um sich von dem werblich ausgerichteten Content zu distanzieren. Trotzdem soll hier vorgeschlagen werden, die Vernetzung aller Social Media Kanäle untereinander und die Integration der Social Media Anwendungen in andere Plattformen zu optimieren. Zum Beispiel wird im Social Media Newsroom auf den YouTube Brand Channel verwiesen, dieser enthält jedoch keine Videos die das Personalmarketing bzw. die Aktivitäten des „Be-Lufthansa" Karriereportals dokumentieren. Die Videos zum Telefoninterview und diverse andere sind „lose" in YouTube upgeloaded. Die Überlegung liegt nahe, alle Videos in einem YouTube Channel zu bündeln und diese nach Themen zu sortieren. Des Weiteren ist aufgefallen, dass die Social Media Plattformen das Potenzial nicht ausreichend ausschöpfen auf andere Social Media Plattformen zu verweisen. Beispielsweise gelangt man nur umständlich auf die Facebook Fanseite des Karriereportals. Entweder direkt über das Karriereportal oder über die allgemeine Suche bei Google beispielsweise. Eleganter lösen könnte man das, indem im Social Media Newsroom nicht nur auf das Karriereportal verlinkt würde, sondern direkt auf die Karrierefanseite auf Facebook, so wie es bereits für die allgemeine Lufthansa Fanseite der Fall ist.

In das Xing-Profil der Deutschen Lufthansa könnte man ebenfalls auf die Karrierefanpage auf Facebook verweisen bzw. verlinken, da es als klassisches Businessnetzwerk eine potenzielle Anlaufstelle darstellt für Interessenten, die an Arbeitgeber- sowie Karriereinformationen interessiert sein könnten.

Obwohl der Zielgruppenfokus der Karrierefanpage auf Facebook bereits detailliert ausdifferenziert worden zu sein scheint ließ sich beobachten, dass eine Employer Brand Promise (EVP) nicht ausgearbeitet wurde. Hier könnte man strategisch nachfeilen und im Rahmen des Employer Branding zielgruppenspezifische EVPs ausarbeiten, um dadurch den Nutzen für potenzielle Bewerber besser herauszustellen und die Differenzierung zu erleichtern, warum man z. B. gerade bei der Lufthansa Pilot oder Flugbegleiter werden sollte. Darüber hinaus ist aufgefallen, dass auch eine Employer Value Proposition präziser formuliert sein könnte, um das Alleinstellungsmerkmal der Lufthansa gegenüber der Konkurrenz zu betonen. Der Claim „Be who you want to be" könnte zwar als solcher interpretiert werden, eindeutig zuordnen lässt er sich jedoch nicht.

Ein weiterer Verbesserungsvorschlag lässt sich im Hinblick auf den Erfolgsfaktor „Einbindung der Unternehmensspitze" unterbreiten. Da keine Beteiligung des Managements an der Social Media Kommunikation erkenntlich war zeigt sich hier unter Umständen Nachholbedarf. Beispielsweise könnte ein Mitglied des Vorstands einen Corporate Blog führen oder über Twitter auch den Fach-und Führungsnachwuchs des Unternehmens ansprechen (siehe 4.1.4). Da insbesondere das Management das Unternehmen bzw. den Arbeitgeber als solchen repräsentiert könnten sich positive Synergieeffekte abzeichnen hinsichtlich der Glaubwürdigkeit und Authentizität als Arbeitgeber.

Im Rahmen weiterführender Recherchen konnte ein Blog ausfindig gemacht werden, der von einem Mitarbeiter der Lufthansa betrieben wurde und die Pilotenausbildung bei der Lufthansa zu dokumentieren zum Ziel hatte. Leider konnte der Blog aus Zeit- und Inspirationsgründen nicht kontinuierlich gepflegt werden, so dass er nun offiziell eingestellt wurde (vgl. Meyer 2011, S. 1) Das ist als bedauerlich zu bewerten, zumal das ein interessanter und authentischer Einblick in die Pilotenausbildung bei der Lufthansa hätte darstellen können. Ein guter Einsatz nach Ansicht der Autorin, der in Zukunft optimiert und wieder aufgegriffen werden sollte. Um die Arbeitslast zur Führung des Blogs in Grenzen zu halten bestünde die Möglichkeit einen Blog zu starten, der von mehreren auszubildenden Piloten geführt wird. Außerdem sollte ihnen ein Ansprechpartner zur Seite stehen der sie bei rechtlichen Fragen im Umgang mit diesem Social Media unterstützt und Input hinsichtlich neuer interessanter Inhalte liefern kann.

4.4 Fallbeispiel 2: Die Krones AG

Die Krones AG wurde 1951 in Deutschland gegründet und hat ihren Hauptsitz in Neutraubling. Die Planung, Entwicklung und Fertigung von Maschinen und Anlagen in den Bereichen Prozess-, Abfüll-, und Verpackungstechnik stellen die Kernkompetenzen des Unternehmens dar. Produziert wird für Brauereien, die Soft-Drink-Branche sowie für Wein-, Sekt- und Spirituosenhersteller. Darüber hinaus werden auch in der Nahrungs- und Genussmittelindustrie sowie der chemischen, pharmazeutischen und kosmetischen Industrie Flaschen, Dosen und Formbehälter mit Krones Anlagen hergestellt und weiterverarbeitet. Die Krones AG ist ein Teil des Krones Konzerns, der weltweit mehr als 10.000 Mitarbeiter beschäftigt und 2010 eine Jahresumsatz von rund 2,17 Milliarden Euro erwirtschaftet hat (vgl. Krones AG 2011a).

4.4.1 Employer Branding & die Krones AG

Die Krones AG ist ein technologieorientiertes Unternehmen, welches in ihren Kommunikations- und Handelbeziehungen mit anderen Unternehmen interagiert. Die Branche und die Tatsache, dass sich die Krones AG mit ihren Produkten nicht direkt an Konsumenten wendet, lässt nicht vermuten, dass sie sich im Bereich der Social Media gut etablieren konnte und das Interesse am Dialog mit der Zielgruppe wecken konnte (vgl. Schwarting 2011, S.1). Das Ziel der Krones AG besteht darin sich im „War for Talents" zu positionieren und die Identifikation der Mitarbeiter mit dem Unternehmen zu fördern (vgl. Laurin 2011, S. 7)

4.4.2 Präsenz in den Social Media & Überprüfung der Erfolgsfaktoren

Für das Employer Branding und Recruiting setzt die Krones AG unterschiedliche Social Media Kanäle seit Anfang 2010 ein (vgl. Laurin 2011, S. 8). Dazu gehören Facebook, Xing, Twitter und YouTube, wobei diese ausschließlich für das Personalmarketing und Employer Branding eingesetzt werden im - Gegensatz zur Lufthansa, die zusätzlich durch Social Media Marketing ihre Angebote und Dienstleistungen vermarktet. Im März 2011 wurde die Krones AG als zweitplatzierte mit dem Award „Business to Business Twitterer of the Year (BTOTY) ausgezeichnet. In die Bewertung flossen z. B. die Inhalte der Tweets, die Follower Struktur sowie Analyse Auswertungen (vgl. DoSchu.com 2011, S. 1).

4.4.2.1 Kontinuität & Konsistenz

*   Vernetzte & integrierte Anwendungen

Um sich einen ersten Überblick zu verschaffen, welche Social Media Kanäle die Krones AG einsetzt, wird zunächst die Unternehmenshomepage www.krones.com aufgerufen. Als Icon findet sich lediglich der Verweis auf YouTube. Erst wenn man unter der Rubrik „Karriere" den Imagefilm betrachtet, wird im Abspann auf Facebook, Twitter, Xing und YouTube verwiesen (vgl. Krones AG 2011b). Auf der Karrierefanpage auf Facebook sind alle Social Media Kanäle der Krones AG aufgelistet und per Direktverlinkung zu erreichen (vgl. Facebook.com 2011g). In dem Twitter Account und Xing Profil der Krones AG findet man hingegen keine Verweise auf die anderen Social Media Kanäle. Darüber hinaus lässt sich ermitteln, dass die Krones AG ein Online Magazin betreibt, welches auch einen Newsroom integriert. Dieser bündelt in einer Gesamtansicht die aktuellsten Tweets von Twitter und Videos auf YouTube sowie die Anzahl der Fans auf Facebook und die RSS-Feeds der Unternehmenshomepage. Xing wird in diesem Kontext nicht vermerkt (vgl. Krones.com 2011c).

Die Beobachtungen zeigen, dass die intermediale Vernetzung bzw. Integration der Social Media Anwendungen nur geringfügig gegeben ist. Auf der Unternehmenshompage, selbst

80

unter dem Reiter „Karriere" findet sich kein direkter Verweis auf die Karrierefanpage auf Facebook. Auf den Newsroom wird auf der Unternehmenshomepage ebenfalls nicht aufmerksam gemacht, sondern es bedarf eingehender Recherchen. Die intramediale Vernetzung der Social Media Anwendungen wird ebenfalls nur begrenzt eingesetzt, so dass wertvolle Informationsressourcen unausgeschöpft bleiben. Die Auswahl der Social Media Anwendungen ist im Gegensatz zur Lufthansa AG überschaubar, da keine Produkte der Krones AG durch den Einsatz der Social Media direkt zum Abverkauf abzielen, sondern eher ein Überblick über das Leistungsspektrum des Unternehmens offeriert wird.

- Wiedererkennung durch Corporate Design

Die Karrierefanseite auf Facebook zeigt sich in ihrer Gestaltung in starker Anlehnung an das Corporate Design. Bei der formellen Gestaltung wurden nicht nur das Logo des Unternehmens und die Farbsetzung beibehalten, sondern das Motiv des fließenden Wassers aus dem Imagefilm des Unternehmens aufgegriffen (vgl. Krones AG 2011b & Facebook.com 2011h). Durch eine so genannte „Landing Tab" wurde dies besonders prägnant umgesetzt (siehe Abb. 16).

Abb. 16: Landing Tab der Krones AG
(Facebook.com 2011h)

Als Landing Tab wird die Ansicht bezeichnet, die sich einem Nutzer beim aufrufen eines Unternehmens zeigt, der noch nicht Fan der Seite ist. Die Gestaltung und der Aufbau der Landing Tab dienen dazu den Nutzer zu neugierig zu machen und dazu zu animieren, Fan der Seite zu werden. Klickt man daraufhin den „Gefällt mir" Button um Fan zu werden, wird man über eine andere Ansicht als Fan begrüßt (vgl. Conversiondoktor.de 2010 & Laurin 2011,S. 9). Alternativ lässt sich der Schritt überspringen indem man einen anderen Reiter des Profils aufruft. Darüber hinaus findet sich auf dem XING Profil der Krones AG ebenfalls ein Banner, der sich aus dem Unternehmenslogo und der „bewegten Flüssigkeit" zusammensetzt (Xing Krones AG 2011c). Der KronesTV YouTube Channel ist dem Corporate Design detailliert nachempfunden sowie aufwendig gestaltet und integriert zusätzlich das Leitmotiv des Konzepts (vgl. YouTube 2011e) Der Twitter Account zeigt sich im Gegensatz dazu wieder schlicht ohne das Leitmotiv (vgl. Twitter.com 2011).

Die formelle Gestaltung der Social Media Anwendungen lässt die Annahme zu, dass das Corporate Design des Unternehmens berücksichtigt wurde und es gelungen ist das dynamische Leitmotiv des bewegten Wassers aus dem Unternehmensimagefilm aufzugreifen und die technischen Möglichkeiten der Social Media Anwendungen insbesondere auf der Karrierefanseite auf Facebook sehr gut ausgeschöpft wurden.

4.4.2.2 Zielgruppenfokus

Folgend werden die verschiedenen Social Media Kanäle der Krones AG hinsichtlich ihrer Zielsetzung, ihrer Zielgruppen sowie ihrer Attraktivität analysiert. Darüber hinaus wird beobachtet, ob eine Employer Brand Promise deutlich wird.

- Die Karrierefanpage bei Facebook

Die Karrierefanpage der Krones AG hat die *Zielsetzung* Dialogbereitschaft zu signalisieren und sowohl mit den eigenen Mitarbeitern zu kommunizieren als auch mit potenziellen Mitarbeitern (vgl. Facebook.com 2011g). Die *Zielgruppen* zeigen sich im Vergleich zur Karrierefanseite der Lufthansa AG bei Facebook nicht ausdifferenziert, sondern grob unterteilt in Mitarbeiter und potenzielle Mitarbeiter. Darüber hinaus soll die Identifikation der Mitarbeiter mit dem Unternehmen gestärkt werden (vgl. Laurin 2011, S. 7).

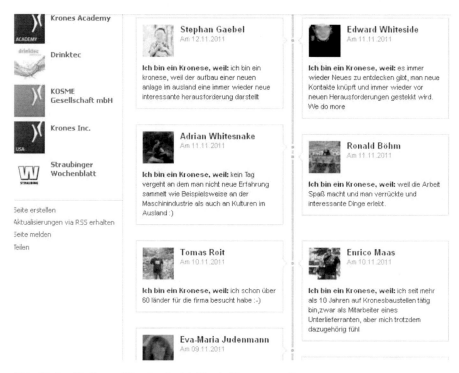

Abb. 17: Applikation auf Facebook „Ich bin ein Kronese, weil'
(Facebook.com 2011i)

Das zeigt sich insbesondere dadurch, dass ein eigener Reiter eingerichtet wurde, um den Stand der so genannten „Kronesen", das sind Fans der Seite und Mitarbeiter bei Krones, zu zelebrieren. Zahlreiche Mitarbeiter und Fans der Krones AG bekunden in kurzen und persönlichen Statements warum sie ein Kronese sind (vgl. Facebook.com 2011i & siehe Abb. 17).

Zusätzlich bieten zahlreiche Applikationen als Quiz die Möglichkeit spielerisch herauszufinden, ob man zur Krones AG passt (vgl. Facebook.com 2011j & siehe Abb. 18). Dass die Fanseite auch für potenzielle Mitarbeiter gedacht ist zeigt sich dadurch, dass man unter dem gesonderten Reiter „Career" nach aktuellen Stellenangeboten suchen kann (vgl. Facebook.com 2011k). Die Beiträge der Krones AG auf der Pinnwand sind sehr unterschiedlich. Informationen und Neuigkeiten zum Unternehmen wechseln sich ab mit persönlichen Fragen um die Interaktion mit den Fans zu fördern. Es zeigen sich jedoch keine Informationen zum Einstieg bei der Krones AG.

Abb. 18: Applikation Quiz - Bist Du ein Kronese
(Facebook.com 2011j)

Die Karrierefanseite weist aktuell 11.058 Fans auf und 462 Nutzer die über die Seite auf Facebook oder auf einer anderen Social Media Plattform darüber sprechen (vgl.Facebook.com 2011l).

Aus den Beobachtungen lässt dich schließen, dass die Krones AG den Zielgruppenfokus berücksichtigt, dieser jedoch nur grob ausdifferenziert ist. Die Inhalte der Karrierefanseite bieten zahlreiche Interaktionsmöglichkeiten mit den Fans. Um sich gezielt Informationen zum Unternehmen oder zu bestimmten Themen einzuholen scheint dieser Social Media Kanal nicht gedacht zu sein.

- Twitter, Xing und YouTube bei der Krones AG

Bei Twitter scheint das Streuen von Nachrichten die primäre Zielsetzung zu sein und die Krones AG als Meinungsführer der Branche zu positionieren (vgl. Kollak 2011, S. 1). Diese Quelle lässt sich zusätzlich untermauern durch den Vergleich der veröffentlichten Beiträge auf allen Social Media Kanälen am gleichen Tag. Dazu wird der 30. Dezember 2011 herangezogen. Es fällt auf, dass die Krones AG auf Twitter mehr Beiträge veröffentlicht als auf

84

Facebook und Xing. Teilweise sind die Beiträge auf allen Social Media Kanälen deckungsgleich. Es zeigt sich, dass auf Twitter auch die Kommunikation mit Kunden vorherrscht, im Gegensatz zu Xing und Facebook. Zusätzlich zeigen sich auf Twitter im Vergleich zu den anderen Kanälen Informationen zu Abschlussarbeiten, Brancheninformationen und Dialoge mit internationalen Kunden (siehe Abb. 19).

Abb. 19: Tweets am 30.11.11 der Krones AG
(Twitter.com 2011)

Daraus lässt sich ableiten, dass keine klar abzugrenzende Zielgruppe bei Twitter vorhanden scheint. Hierbei stehen vermutlich der Informationsfluss und der internationale Austausch im Vordergrund. Mit 13.749 Follower am 30.11.2011 und 3.015 Tweets ist die Krones AG auf Twitter präsent. Auf Xing zeigt sich die geringste Aktivität der Krones AG mit nur einem Beitrag am 30.11.11, der ebenfalls auf Facebook und Twitter zu verzeichnen ist und über einen neuen Standort informiert. Die Beiträge insgesamt zeigen sich so unterschiedlich und unspezifisch, dass sich keine klare Zielgruppe und Zielgruppe abzeichnet. Das Xing Profil weist aktuell 712 Mitarbeiter der Krones AG auf und 1.021 Abonnenten des Profils (vgl. Xing Krones AG 2011c). Der YouTube Kanal KronesTV bündelt sämtliche Videos der Krones AG. Mit 479 Videos am 30.11.11, 403 Abonnenten und 402.933 Aufrufen zeigt sich dieser Kanal als besonders frequentiert. Ob dies seitens der Krones Mitarbeiter geschieht oder externen Interessenten geht leider nicht hervor (vg. YouTube 2011e).

Keines der Social Media Kanäle die die Krones AG einsetzt lässt eine Employer Brand Promise erkennen. Eine klare Positionierung der Arbeitgebermarke geht dadurch nicht hervor.

4.4.2.3 Emotionalisierung & Differenzierung

Die Social Media Kanäle der Krones AG lassen keine Employer Value Proposition erkennen, die das Alleinstellungsmerkmal als Arbeitgeber hervorheben könnte. Eine Differenzierung zum Wettbewerb durch eine deutliche Positionierung als Arbeitgeber ist nicht beobachtbar.

Wie bereits in 4.1.3 dargestellt wurde, ist der Einsatz von aktivierenden Elementen in der Kommunikation besonders wichtig, damit die Nutzer zur Interaktion motiviert werden und sich näher mit der Kommunikationsbotschaft auseinandersetzen. Dabei unterstützen insbesondere emotionale Gestaltungsmerkmale wie z. B. Bilder oder Videos. Die Karrierefanseite der Krones AG versucht bereits beim Betreten der Landing Tap (siehe 4.4.2.1) durch emotionale Anknüpfungspunkte das Interesse des Nutzers zu wecken. Beispielsweise wird zunächst auf das selbstgedrehte Video einer angehenden Industriekauffrau aufmerksam gemacht. Die neue Mitarbeiterin der Krones AG dokumentiert mit einer einfachen Kamera ihren Ausbildungsstart (vgl. YouTube 2011f). Darüber hinaus wird das so genannte „Bierquiz" angepriesen, was insbesondere für junge Nutzer eine informelle Art ist Interesse zu wecken. Da es etwas sein könnte, was man auf anderen Karrierefanpages von Unternehmen nicht erwarten könnte, kann es zur Differenzierung und Emotionalisierung beitragen, indem es Sympathien weckt. Des Weiteren kann die Applikation „10.000 Kronesen" ebenfalls zur Emotionalisierung der Fans und Interessenten beitragen. Diese Applikation dokumentiert den Erfolg von 10.000 Fans der Krones AG auf Facebook. Der Erfolg soll gemeinsam mit den Mitarbeitern und den Fans der Karriereseite gefeiert werden und man zeigt sich stolz darauf. Die zahlreichen persönlichen Statements vieler Krones Mitarbeiter zeigen, warum sie gerne für diesen Arbeitgeber arbeiten (vgl. Facebook.com 2011i). Das 500ste Video im YouTube Kronestv Channel wird ebenfalls per Videobotschaft gefeiert. Bestehend aus zahlreichen Mitschnitten aus dem Videoarchiv erhält man kurze Einblicke in den Unternehmensalltag. Das von Musik begleitete Video wurde am 02.12.2011 auf allen Social Media Kanälen der Krones AG verbreitet.

Die Emotionalisierung der Zielgruppen wird unterstützt durch die große Anzahl an Videos, die im YouTube Channel „Kronestv" zu finden sind. Diese werden über Verlinkungen von der Krones AG in den weiteren Social Media Kanälen eingesetzt. Die Themenvielfalt ist dabei so divers aber dennoch gut strukturiert, dass jeder Fan oder Nutzer des Kronestv YouTube Channels ein Video finden kann, welches persönlich interessiert.

Zusätzlich fällt auf, dass das Social Media Team der Krones AG im Gegensatz zu vielen anderen Karrierefanpages auf Facebook ein Gesicht bzw.drei Gesichter hat. Die für den Dialog in den Social Media Verantwortlichen sind mit Namen und Profilbild stets für die Fans und Nutzer sichtbar. Diese Darstellung bietet sich nicht nur auf Facebook, sondern auch bei XING und Twitter beim Betreten der Seiten (vgl. XING Krones AG 2011d; Twitter.com Krones AG 2011; Facebook.com 2011h).

4.4.2.4 Glaubwürdigkeit & Authentizität

Die Ausführungen zum Social Media Einsatz der Krones AG haben bisher gezeigt, dass die Mitarbeiter insbesondere auf der Karrierefanseite auf Facebook eine große Rolle spielen. Da die Mitarbeiter eines Unternehmens als Markenbotschafter gelten (siehe 4.1.1) spiegeln die zahlreichen Videos mit Mitarbeitern des Unternehmens ihre Integration in die Kommunikation dar. Durch den Einblick in den Arbeitalltag der Mitarbeiter kann ein glaubwürdiges und authentisches Bild der Krones AG vermittelt werden. Die rege Beteiligung an der „Ich bin ein Kronese" Applikation auf der Facebookseite zeigt die Identifikation der Mitarbeiter mit dem Unternehmen. Eine starke Außenwirkung kann damit beeinflusst werden, da dem Interessenten suggeriert wird, dass das Bild des Arbeitgebers auch tatsächlich hält was es verspricht. Die Glaubwürdigkeit und Authentizität eines Arbeitgebers zeigen sich in den Social Media auch in der Pflege des Contents (siehe 4.1.1). Die Aktualität der Inhalte lässt sich auf allen Social Media Kanälen der Krones AG beobachten. Täglich wird auf allen Plattformen mindestens ein Beitrag veröffentlicht. Die Reaktion der Kommunikationsverantwortlichen auf Glückwünsche oder Fragen erfolgt auf Facebook noch am gleichen Tag (vgl. Facebook Krones AG am 24.11.11). Auf XING und Twitter lässt sich die Reaktionszeit der Krones AG auf Kommentare und Beiträge der Follower oder Abonnenten schlecht beobachten, da diese Plattformen zur Interaktion bzw. zum Dialog kaum genutzt werden. Die Ansprache der Social Media Nutzer erfolgt in der dritten Person Plural und wahrt die formelle Sprache der Arbeitswelt. Dennoch zeigt sich auch ein informeller Umgang durch die Nutzung von Eingabeoptionen, die für ein Lächeln stehen, wie z. B. so genannte Smilies.

Die Beobachtungen lassen darauf schließen, dass die Krones AG sowohl intern als auch extern als ein glaubwürdiger und authentischer Arbeitgeber wahrgenommen wird. Die Mitarbeiter erhalten auf Facebook und durch die YouTube Videos ein Gesicht und eine Stimme und suggerieren dadurch die Identifikation mit dem Unternehmen. Das trägt wiederum verstärkt zur Glaubwürdigkeit des Arbeitgebers bei. Durch die kontinuierliche Pflege der Inhalte zeigt sich die Krones AG authentisch und vermittelt echtes Interesse am Dialog.

4.4.2.5 Einbindung der Unternehmensspitze

Die Beteiligung des Managements an der Social Media Kommunikation trotz eingehender Recherchen konnte nicht beobachtet werden. Wie sich die Krones AG im Fall der Krisenkommunikation verhält konnte ebenfalls nicht nachgewiesen werden.

Dennoch zeigt sich die Einbindung der Unternehmensspitze durch die Unterstützung der Mitarbeiter und Nutzer der Social Media durch Guidelines. Diese können Orientierung und mehr Sicherheit im Umgang mit den Social Media vermitteln, so dass dadurch auch die Akzeptanz und die Partizipation der Mitarbeiter in den Social Media Plattformen gefördert werden können. Beispielsweise findet sich auf der Karrierefanseite der Krones AG ein Leitfaden, der den Umgang und die Kommunikation der Fans untereinander auf Facebook angenehm gestalten soll. Werden die Regeln nicht eingehalten, behält sich die Krones AG Beiträge zu löschen (vgl. Facebook.com 2011g).

Darüber hinaus hat die Krones AG ein Video in den YouTube Channel eingestellt, welches den Mitarbeitern den Umhang mit Social Media erklärt und sie an das Thema heranführt (vgl. YouTube 2011g). Des Weiteren findet sich auf der Homepage des Unternehmens eine Broschüre als Download, welche ebenfalls Tipps zum Umgang mit Social Media bereitstellt (vgl. Krones AG 2011d).

Die Beobachtungen zeigen, dass sich die Unternehmensspitze Gedanken darüber gemacht hat, wie sie die möglichen Risiken der Kommunikation in den Social Media begegnen können. An der Kommunikation selbst ist sie jedoch nicht beteiligt

4.4.3 Zusammenfassung und Verbesserungsvorschläge

Die Erfolgsfaktoren des Employer Branding finden sich im Rahmen des Social Media Einsatz der Krones AG wieder. Obwohl die Krones AG als B2B-Unternehmen als Best-Practice Beispiel im Einsatz der Social Media gilt (vgl. Hurrle 2010, S. 1), lässt sich in manchen Bereichen Verbesserungspotenzial erkennen. Beispielsweise zeigt sich die Berücksichtigung der Kontinuität und Konsistenz in der Umsetzung des Social Media Einsatzes, dadurch, dass das Corporate Design übernommen und erweitert wurde. Dennoch wäre es empfehlenswert, die unterschiedlichen Social Media Plattformen untereinander stärker zu verknüpfen und sie auch auch in andere Anwendungen besser zu integrieren. Beispielweise könnte die Krones AG den Newsroom direkt in die Unternehmenshomepage integrieren, so wie es bei der Lufthansa AG der Fall ist (siehe 4.3.2.1) oder die Icons aller Social Media Anwendungen mit Direktverlinkungen in die Unternehmenshomepage integrieren. Die Synergieeffekte, die dadurch entstehen können, tragen dazu bei, starkes Markenbild der Employer Brand aufzubauen und die Aufmerksamkeit auch auf die Medien zu lenken, die weniger von den Nutzern frequentiert werden. Darüber hinaus kann auch die Orientierung für Nutzer erleichtert werden, die aktiv nach Informationen über die Krones AG suchen bzw. mit dem Unternehmen in Dialog treten möchten.

Der Erfolgsfaktor „Zielgruppenfokus" könnte optimiert werden, indem auf der Karriereseite von Facebook für unterschiedliche Zielgruppen Informationen bereitgestellt werden. Besonders um neben dem Employer Branding auch das Recruiting zu stärken, könnten neben den Stellenangeboten auch Informationen zum Bewerbungsprozess bereitgestellt werden wie z.B. bei der Lufthansa AG über Direktverlinkung auf die Karrierehomepage (siehe 4.3.2.2). Der „leere" Reiter „Studenten" weist darauf hin, dass dieser Gedanke bei der Krones AG bereits aufgegriffen, jedoch noch nicht umgesetzt wurde (siehe Abb. 20).

Abb. 20: Reiter ‚Studenten' in der Menüführung der Krones Karrierefanpage bei Facebook (Facebook.com 2011g)

Darüber hinaus lässt sich beim Einsatz von XING keine strategische Zielsetzung erkennen. Obwohl es als Business Netzwerk auch für die Veröffentlichung von Stellen besonders geeignet ist, wurde bisher keine Stelle angepriesen (vgl. Abb. 21). Hier stellt sich die Frage

Abb. 21: Keine Stellenangebote auf dem XING Profil der Krones AG
(XING Krones AG 2011c)

nach der Intention des Einsatzes und ob „dabei sein ist alles" den Social Media Einsatz rechtfertigt. Zusätzlich sollte im Newsroom der Krones AG auch auf die Präsenz bei XING hingewiesen werden.

Da eine Employer Brand Promise sowie eine Employer Value Proposition nicht zu beobachten waren, zeigt sich an dieser Stelle ein strategisches Versäumnis in der Umsetzung des Employer Branding. Um der Arbeitgebermarke mehr Profil zu verleihen und um den Unterschied zum Wettbewerb besonders hervorzuheben, könnte sich die Krones AG intensiver mit der Arbeitgeberidentität befassen.

Hinsichtlich der Glaubwürdigkeit und Authentizität als Arbeitgeber zeigt sich die Krones AG in der Umsetzung des Social Media Einsatzes als vorbildlich. Insbesondere dadurch, dass den Kommunikatoren der Krones AG im Netz durch entsprechende Profilbilder ein Gesicht verliehen wurde und zahlreiche Videos die Mitarbeiter der Krones AG im Unternehmensalltag zeigen. Dennoch wurde ein Aspekt nicht berücksichtigt, der wesentlich zur Stärkung der Glaubwürdigkeit und Authentizität des Arbeitgebers beiträgt. Eingehende Recherchen haben ergeben, dass ein Blog der Dualen Studenten der Krones AG existiert. Dort berichteten die Studenten der Krones AG über ihren dreimonatigen Aufenthalt in Spanien. Dort sollten sie die Abläufe in einem modernen spanischen Abfüllbetrieb kennen lernen (vgl. Kronesstudents 2010). Dieser Blog wird jedoch extern seitens der Krones AG nicht angepriesen. Ein Blog kann Interessenten einen tiefen Einblick in das Unternehmensgeschehen gewähren und diese emotional an den Erlebnissen der Mitarbeiter teilhaben lassen.

Die Einbindung der Unternehmensspitze ist zum Teil durch einen fortschrittlichen Umgang mit der Heranführung der internen Mitarbeiter an die Social Media gegeben. Social Media Guidelines geben nicht nur Orientierung, sondern rufen zur Partizipation auf und sorgen für einen guten Umgang der Nutzer untereinander. Dennoch ist die Unternehmensspitze an der Kommunikation in den Social Media nicht vertreten. Auch die Krones AG könnte einen vom Vorstand geführten Blog einführen oder das gelegentliche Twittern von Unternehmenskennzahlen überdenken.

5   Fazit & Ausblick

In Kapitel zwei der Arbeit wurden die theoretischen Grundlagen des Employer Brandings dargestellt, auf deren Basis die Erfolgsfaktoren ermittelt werden konnten. Anschließend wurde in Kapitel drei das Anwendungsfeld der zu betrachtenden Erfolgsfaktoren näher beleuchtet. Dazu wurden verschiedene Social Media Kanäle vorgestellt sowie Hinweise zur Ausgestaltung des Social Media Einsatzes erläutert. Im vierten Teil der Arbeit wurde gezeigt, wie die Erfolgsfaktoren des Employer Branding im Einsatz der Social Media berücksichtigt werden können. Schließlich konnten die Erkenntnisse anhand der Social Media Präsenz der Lufthansa –und Krones AG überprüft werden. Anhand beobachtbarer Kriterien wurden die Erfolgsfaktoren des Employer Branding im Bereich der Social Media festgelegt. Dadurch konnte durch die Beobachtung bzw. Analyse des Social Media Einsatzes der betreffenden Unternehmen, auf die Erfolgsfaktoren geschlossen werden.

Die Analysen der Lufthansa AG und der Krones AG in Hinblick auf die Erfolgsfaktoren des Employer Branding im Einsatz der Social Media haben gezeigt, dass sich bereits eine professionelle Umsetzung in der Unternehmenspraxis etabliert hat. Beiden Unternehmen setzen Social Media zum Aufbau einer attraktiven Arbeitgebermarke bereits intensiv ein. Der Vergleich der Unternehmen zeigt jedoch nicht nur Gemeinsamkeiten, sondern auch ganz spezifische Herausforderungen, die sich aus dem Umfeld der Unternehmen ergeben.

Die Lufthansa AG ist ein B2C-Unternehmen, welches primär durch die Popularität der Dienstleistungsmarke beim Employer Branding profitiert. Als ein internationales bekanntes und erfolgreiches Unternehmen, das insbesondere im Bereich der Dienstleistungsnehmer geschätzt wird, liegt es nahe, dass dadurch auch die Employer Brand profitiert. Die Herausforderung der Lufthansa AG könnte jedoch darin bestehen, die Social Media nicht nur für das Marketing der eigenen Produkte und Dienstleistungen in den Vordergrund zu stellen, sondern beim gezielten Aufbau der Arbeitgebermarke nebenbei nicht den Überblick zu verlieren. Der Knackpunkt liegt hier bei der sinnvollen Trennung sowie Integration der Social Media Anwendungen, die je nach Zielsetzung variieren kann. Hier besteht die Gefahr bei potenziellen Bewerbern zu werblich aufzutreten oder durch eine zu strikte Trennung der Kanäle eine optimale Vernetzung nicht auszuschöpfen.

Die Herausforderung der Krones AG besteht darin, als B2B-Unternehmen der Abfüll- und Verpackungsindustrie nicht nur an Bekanntheit zu gewinnen, sondern das Unternehmen als Arbeitgeber attraktiv zu machen, obwohl man als Konsument keine direkten Berührungspunkte mit den Produkten hat. Diese Herausforderung versucht die Krones AG zu meistern, indem der sachlichen und technischen Ausrichtung der Branche ein Gesicht verliehen wird. Das gelingt der Krones AG zunächst über ihre eigenen Mitarbeiter dadurch, dass diese als

Zielgruppe der Employer Branding Maßnahmen erkannt wurden, um die Identifikation mit dem Unternehmen zu stärken und die Bindung zu fördern. Zusätzlich werden die Mitarbeiter auch extern in den Social Media als Markenbotschafter in den Dialog integriert, wodurch emotionale Anknüpfungspunkte zur Arbeitgebermarke aufgebaut werden können. Als Best-Practice sind hier die Applikationen der Facebook Karriereseite zu nennen, wie z. B. verschiedene Quiz oder das Zelebrieren der Krones Fans auf Facebook durch persönliche Statements.

Bezüglich des strategischen Employer Brandings wird bei der Lufthansa AG insbesondere der Erfolgsfaktor der Zielgruppenfokussierung berücksichtigt. Als Best-Practice kann dazu die Facebook Karrierefanpage „Be Lufthansa" dienen. Eine differenzierte Darstellung zum Einstieg für potenzielle Bewerber oder Mitarbeiter bei der Lufthansa verweist je nach Zielgruppe auf die spezifischen Informationen.

Der Vergleich beider Unternehmen zeigt, dass ein erfolgreiches Employer Branding in den Social Media weder von der Unternehmensgröße noch von der Branche abhängt. Sicherlich gibt das Budget, insbesondere bei kleinen Unternehmen, den Rahmen vor, die Berücksichtigung der Erfolgsfaktoren des Employer Branding beim Social Media Einsatz bleibt davon jedoch unberührt.

Optimierungspotenziale bieten sich für beide Unternehmen im strategischen Employer Branding. Beide Unternehmen weisen eine defizitäre Positionierung als Arbeitgeber mittels einer Employer Brand Promise oder einer Employer Value Proposition auf. Diese konnten durch die Analyse der Social Media nicht beobachtet werden. Für die gezielte Ansprache der anvisierten Zielgruppen und um ein trennscharfes Arbeitgeberprofil gegenüber dem Wettbewerb aufzubauen wird das Nachjustieren der Positionierung zukünftig unerlässlich. Hier zeigt sich zusätzlich die Notwendigkeit das Employer Branding im Unternehmenskontext übergreifend zu verzahnen, damit auch Synergieeffekte aus dem Markenmanagement und der Kommunikationsabteilung abgeschöpft werden können.

Wie sich die Social Media Nutzung seitens der Unternehmen als auch seitens bestehender und potenzieller Bewerber verändern wird ist unklar. Es steht jedoch fest, dass die technischen Innovationen das persönliche Nutzungsverhalten nach und nach verändern. Um sich nachhaltig als attraktiver Arbeitgeber zu positionieren, werden sich die Unternehmen auch zukünftig an das Mediennutzungsverhalten der Zielgruppen anpassen müssen, um mit ihnen in den Dialog zu treten. Darüber hinaus müssen die Unternehmen auch zukünftig abwägen, welche Kanäle und Endgeräte für die Zielgruppen relevant sind und ob es überhaupt Sinn macht alle Kanäle zu bedienen. Hier gilt es, die Streuverluste in Grenzen zu halten und die strategiesche Sinnhaftigkeit des Einsatzes kritisch zu beleuchten (vgl. Siemann 2011, S. 6f).

Die Kompatibilität mit mobilen Endgeräten könnte im Einsatz der Social Media weiter in den Vordergrund rücken. Darüber hinaus wird sich zeigen, inwieweit sich das Soziale Netzwerk google+ gegenüber Facebook durchsetzen wird, um den Dialog zwischen Arbeitgebern und bestehenden sowie potenziellen Mitarbeitern zu prägen.

Durch den Einsatz der Social Media im Employer Branding steigt das Anforderungsniveau für die Verantwortlichen. Intern müssen die Unternehmen die organisatorischen Voraussetzungen dafür schaffen und die Kompetenzen für den Aufbau und die Führung des Employer Brandings im Bereich der Social Media bereitsstellen (vgl. Grothe 2011, S. 133). Eine kontinuierliche Bereitschaft zur Anpassung an die forschreitenden technologischen Entwicklungen sowie den Bedürfnissen der Zielgruppe bleibt eine Herausforderung für Arbeitgeber.

„(...) The best way for a leader to ‚get the right people on the bus' is to create a ‚bus' worth riding on in the first place." (McFarland 2005, S. 1). Abschließend soll hervorgehoben werden wie wichtig es ist, dass das Arbeitgeberimage mit der Identität und der Unternehmenskultur übereinstimmt. Dies gilt als Voraussetzung um langfristig eine attraktive Employer Brand zu etablieren, die im Kampf um qualifizierte und zum Unternehmen passende Mitarbeiter entscheidend wird.

6 Literaturverzeichnis

Aaker, D. A. (1992). Management des Markenwerts. Aus dem engl. Von Friedrich Mader - Frankfurt/Main; New York: Campus Verlag.

Adjouri, N. (2004). Alles, was sie über Marken wissen müssen. Leitfaden für das erfolgreiche Management von Marken. Wiesbaden: Gabler.

Ambler, T., Barrow, S. (1996). The Employer Brand. Journal of Brand Management, Vol. 4, No. 3, S. 185-206.

Andratschke, N., Regier, S., Huber, F. (2009). Employer Branding als Erfolgsfaktor. Eine conjoint-analytische Untersuchung. In: Gierl, H., Helm, R., Huber, F., Sattler, H. (Hrsg.), Marketing. Bd 47. Lohmar: Josef Eul.

ARD, ZDF (Hrsg.) (2011a). Pressemitteilung - ARD/ZDF-Onlinestudie 2011: Fernsehinhalte im Internet in Deutschland immer beliebter. Online: [http://www.ard-zdf-onlinestudie.de/index.php?id=325], Abruf 12.08.2011

ARD-ZDF Onlinestudie (Hrsg.) (2011b). Genutzte Onlineinhalte 2004-2011. Online [http://www.ard-zdf-onlinestudie.de/index.php?id=onlinenutzunginhalt0], Abruf 12.08.2011

ARD-ZDF Onlinestudie (Hrsg.) (2011c). Entwicklung Onlinenutzung. Online: [http://www.ard-zdf-onlinestudie.de/index.php?id=onlinenutzungentwic0], Abruf 12.08.2011

Balderjahn, I., Scholderer, J. (2007). Konsumentenverhalten und Marketing. Grundlagen für Strategien und Maßnahmen. Stuttgart: Schäffer-Poeschel.

Bannour, K.-P. (2010). Das neue Facebook Insights: Umfangreiche Analysen für Fanseiten-Betreiber. Online: [http://www.webmarketingblog.at/2010/04/26/facebook-insights-statistik/], Abruf, 01.11.2011

Barrow, S., Moseley, R. (2005). The Employer Brand. Bringing the Best of Brand Management to people at work. Chichester, West Sussex: John Wiley & Sons

Barrow, S., Moseley, R. (2006). Internes Brand Management. Machen Sie Ihre Mitarbeiter zu Markenbotschaftern. Weinheim: Wiley-VCH Verlag, übersetzt von Birgit Schöbitz?

Bartscher Th. (2010). Gabler Verlag (Herausgeber), Gabler Wirtschaftslexikon, Stichwort: Personalmanagement. Online: [http://wirtschaftslexikon.gabler.de/Archiv/57340/personalmanagement-v5.html], Abruf, 30.08.2011

Baumgarth, C. (2001). Markenpolitik. Markenwirkungen – Markenführung – Markenforschung. Wiesbaden: Gabler

Beck, Ch. (2011). Modewörter und Trends – was künftig im Wettbewerb um die Talente wichtig wird. In: Wirtschaftspsychologie aktuell, Heft 2

Becker, M. (2010). Personalwirtschaft. Lehrbuch für Studium und Praxis. Stuttgart: Schäffer-Poeschel.

Becker, W. (2006). Werbe- und Verkaufstechniken. Instrumente zur Einstellungs- und Verhaltensänderung. 2. Auflage. München: Profil.

BeKnown (2011). Guided Tours. Online: [http://go.beknown.com/us-en/guidedtours], Abruf 13.11.2011

Be Lufthansa Facebook (2011). Be Lufthansa – Info. Online: [http://www.facebook.com/BeLufthansa?sk=info], Abruf 15.11.2011

Benkenstein, M., Uhrich, S. (2009). Strategisches Marketing. Ein wettbewerbsorientierter Ansatz. 3. Auflage. Stuttgart: W. Kohlhammer Verlag.

Bernauer, D. (2011). Die Entwicklung vom Web 1.0 zu Social Media. In: Bernauer, D., Hesse, G., Laick, S., Schmitz, B. (Hrsg.). Social Media im Personalmarketing. Erfolgreich in Netzwerken kommunizieren. Köln: Luchterhand

Bernauer, D., Hesse, G., Laick, S., Schmitz, B. (2011). Social Media Recruiting im Praxiseinsatz. In: Bernauer, D., Hesse, G., Laick, S., Schmitz, B. (Hrsg.). Social Media im Personalmarketing. Erfolgreich in Netzwerken kommunizieren. Köln: Luchterhand

Berns, S. (2010). Empfehlungsmarketing mit Twitter. In: Schüller, M., Schwarz, T. (Hrsg.). Leitfaden WOM Marketing. Die neue Empfehlungsgesellschaft. Waghäusel: marketing-BÖRSE GmbH

Bersch, A. (2010). Viral Marketing in Facebook. In: Schüller, A. Schwarz, T. (Hrsg.), Leitfaden WOM Marketing. Die neue Empfehlungsgesllschaft. Waghäusel: marketing-BÖRSE GmbH, S. 206-228

Biel, A. (2000). Grundlagen zum Markenwertaufbau. In: Franz-Rudolf Esch (Hrsg.), Moderne Markenführung. Grundlagen, Innovative Ansätze, Praktische Umsetzungen. 2. Auflage. Wiesbaden: Gabler

Birkigt, K., Stadler, M. (1985). Corporate Identity als unternehmerische Aufgabe. In: K. Birkigt, M. Stadler (Hrsg.), Corporate Identity. Grundlagen, Funktionen, Fallbeispiele. 2. Auflage. Landsberg am Lech: Verlag Moderne Industrie

Bischof, N. (2009). Psychologie: Ein Grundkurs für Anspruchsvolle. 2. Auflage. Stuttgart: Kohlhammer Verlag.

Bismarck, v. W.-B. (2009). PUMA AG – Brauchen starke Marken eine Arbeitgebermarke? In: A. Trost (Hrsg.), Employer Branding. Arbeitgeber positionieren und präsentieren. Köln: Wolters Kluwer Deutschland GmbH, S.283 – 293

BMW Karriere Facebook (2011). Job Channel. Online: [http://de-de.facebook.com/bmwkarriere?sk=app_136933986379317], Abruf 22.11.2011

Bönisch, J. (2007). Recruiting im Netz. Abschreckender Auftritt. Online: [http://www.sueddeutsche.de/karriere/recruiting-im-netz-abschreckender-auftritt-1.582737], Abruf 15.11.2011

Bode, S., Adrion, M. (2009). Wissen was ankommt: Employer Branding im Stellenmarkt. In: A., Trost (Hrsg.), Employer Branding. Arbeitgeber positionieren und präsentieren. Köln: Luchterhand – Wolters Kluwer Deutschland, S. 179-187

Brauckmann, P. (2010). Webmonitoring: Aneignen oder einkaufen? In: Social Media Magazin, Köln: Social Media Verlag, Heft Nr. 3, S. 50-51 -> brauche ich bei Zeitschriften Ort und Verlag?

Bruhn, M. (2008). Der Einfluss der Mitarbeitenden auf den Markenerfolg – Konzeptualisierung und Operationalisierung Interner Markenbarometer. In: Bauer, H., Huber, F., Albrecht, C.-M. (Hrsg.). Erfolgsfaktoren der Markenführung. Know-How aus Forschung und Management. München: Verlag Franz Vahlen.

Bruhn, M. (2009). Marketing. Grundlagen für Studium und Praxis. 9. Auflage. Wiesbaden: Gabler.

Burkhart, M., Friedl, C. (2011). Dem Personalkollaps vorbeugen. In: Personalwirtschaft extra, Special Gesundheitsbranche

Burmann, C., Maloney, P. (2008). In: Bauer, H., Huber, F., Albrecht, C.-M. (Hrsg.). Erfolgsfaktoren der Markenführung. Know-How aus Forschung und Management. München: Verlag Franz Vahlen.

Burmann, C., Zeplin, S. (2005). Innengerichtetes identitätsbasiertes Markenmanagement. In: Meffert, H., Burmann, C., Koers, M. (Hrsg.), Markenmanagement: identitätsorientierte Markenführung und praktische Umsetzung. Wiesbaden: Gabler, S. 115-139.

Conversiondoktor.de (2010). Conversiondoktor.de 2010. Online: [http://www.conversiondoktor.de/landingpage-optimierung/facebook-landingpages-einmaleins/], Abruf 23.11.2011

Das Demographie Netzwerk (Hrsg.) (2011). Fachkräftemangel. Deutschland droht ein Fachkräftemangel. Online: [http://demographie-netzwerk.de/trendthemen/fachkraeftemangel/deutschland-droht-ein-fachkraeftemangel.html], Abruf 12.11.2011

DEBA - Deutsche Employer Branding Akademie (2006a). Werttreiber Employer Branding: Geringere Kosten, bessere Leistung, zufriedenere Kunden, mehr Umsatz. Online: [http://www.employerbranding.org/downloads/publikationen/DEBA_001_EB_Werttreibe r.pdf], Abruf 12.07.2011

DEBA – Deutsche Branding Akademie (2006b). Employer Branding „Wirkungskreis": Wirkungsbereiche und positive Effekte. Online: [http://www.employerbranding.org/downloads/publikationen/DEBA_EB-Wirkungskreis.pdf], Abruf 12.07.2011

DEBA Deutsche Branding Akademie (2006c). Arbeitgeberpositionierung zum Leben erwecken. Interne und externe operative Handlungsfelder. Online: [http://www.employerbranding.org/handlungsfelder.php], Abruf 21.09.2011

DEBA - Deutsche Employer Branding Akademie (2008). Definition Employer Branding. Online: [http://www.employerbranding.org/downloads/publikationen/DEBA_EB_Definition_Prae ambel.pdf], Abruf 28.06.2011

DEBA - Deutsche Employer Branding Akademie (2010). Trendradar Employer Branding Online: [http://www.employerbranding.org/downloads/publikationen/DEBA_EB_Trendradar], Aufruf 28.09.2011

Dehlsen, M., Franke, C. (2009). Employee Branding: Mitarbeiter als Botschafter der Arbeitgebermarke. In: Trost, A.(Hrsg.), Employer Branding. Arbeitgeber positionieren und präsentieren. Köln: Luchterhand – Wolters Kluwer Deutschland, S. 156 -169

Demmer, C. (2011). Die Lust am Drama. In: Personalwirtschaft, Heft 9.

Deutsche Lufthansa AG (2011a). Unternehmensprofil. Online: [http://konzern.lufthansa.com/de/unternehmen/unternehmensprofil.html], Abruf 02.11.2011

Deutsche Lufthansa AG (2011b). Strategische Geschäftsfelder. Online: [http://konzern.lufthansa.com/de/geschaeftsfelder.html], Abruf 02.11.2011

Deutsche Lufthansa AG (2011c). Lufthansa stellt ein: 4.000 neue Mitarbeiter in Deutschland. Online: [http://presse.lufthansa.com/de/meldungen/view/archive/2011/january/03/article/1847.h tml], Abruf 02.11.2011

Deutsche Lufthansa AG (2011d). Lufthansa Social Media Newsroom. Online: [http://newsroom.lufthansa.com/?blt_p=DE&blt_l=de&blt_t=Homepage&blt_e=Passingl ane&blt_n=Quicklinks&blt_z=News%20im%20%C3%9Cberblick], Abruf 02.11.2011

Deutsche Lufthansa AG (2011e). Konzern. Online: [http://konzern.lufthansa.com/de/?blt_p=DE&blt_l=de&blt_t=Info_and_Services&blt_e= Header&blt_n=Konzern&blt_z=Konzern], Abruf 02.11.2011

Die Presse (Hrsg.) (2011). 800 Millionen nutzen Facebook mindestens einmal im Monat. Online: [http://diepresse.com/home/techscience/internet/695543/800-Millionen-nutzen-Facebook-einmal-im-Monat], Abruf 01.10.2011

DoSchu.com (2011). Gratulation: B2B-Twitter-Auszeichnung an Mittelständler Krones AG. Online: [http://www.doschu.com/2011/03/gratulation-b2b-twitter-auszeichnung-an-mittelstandler-krones-ag/#more-2556], Abruf 22.11.2011

Drumm, H. J. (2008). Personalwirtschaft. 6. Auflage. Berlin: Springer-Verlag.

Eger, M., Frickenschmidt, S. (2009). Die Karrierewebsite: Verbindung zwischen Employer Branding und Recruiting. In: Trost, A.(Hrsg.), Employer Branding. Arbeitgeber positionieren und präsentieren. Köln: Luchterhand – Wolters Kluwer Deutschland, S. 118 -135

Eicher, D. (2010). WOM Kampagnen. In: Schüller, A. Schwarz, T. (Hrsg.), Leitfaden WOM Marketing. Die neue Empfehlungsgesllschaft. Waghäusel: marketing-BÖRSE GmbH, S. 184-205

Embrander.de (2011). Bei dieser Firma will ich unbedingt arbeiten – Arbeitgeber-Ranking 2011. Online: [http://www.embrander.de/blog/bei-dieser-firma-will-ich-unbedingt-arbeiten-%E2%80%93-arbeitgeber-ranking-2011/], Abruf 02.11.2011

Esch, F.-R. (2006). Markenidentitäten wirksam umsetzen. In: Esch, F.-R., Tomczak, T., Kernstock, J., Langner,T. (2006). Corporate Brand Management. Marken als Anker strategischer Führung von Unternehmen. 2. Auflage. Wiesbaden: Gabler, S.75-99.

Esch, F.-R. (2007). Strategie und Technik der Markenführung. 4. Auflage. München: Franz Vahlen.

Esch, F.-R., Geus, P., Kernstock, J., Brexendorf, T. (2006). Controlling des Corporate Brand Management. In: Esch, F.-R., Tomczak, T., Kernstock, J., Langner,T. (Hrsg.), Corporate Brand Management. Marken als Anker strategischer Führung von Unternehmen. 2. Auflage. Wiesbaden: Gabler.

Esch, F.-R., Hardiman, M., Mundt, M. (2006). Kommunikation auf Handlungsoptionen abstimmen. In: Esch, F.-R., Tomczak, T., Kernstock, J., Langner,T. (2006). Corporate Brand Management. Marken als Anker strategischer Führung von Unternehmen. 2. Auflage. Wiesbaden: Gabler, S. 219-250

Esch, F.-R., Wicke, A. (2000). Herausforderungen und Aufgaben des Markenmanagements. In: F.-R., Esch (Hrsg.), Moderne Markenführung. Grundlagen, innovative Ansätze, praktische Umsetzungen, 2. Auflage. Wiesbaden: Gabler.

Esch, F.-R., Langner, T. (2005). Branding als Grundlage zum Markenaufbau. In: F.-R., Esch (Hrsg.), Moderne Markenführung, 4. Auflage (S. 477-586). Wiesbaden: Gabler.

Esch, F.-R., Tomczak, T., Kernstock, J., Langner,T. (2006). Corporate Brand Management. Marken als Anker strategischer Führung von Unternehmen. 2. Auflage. Wiesbaden: Gabler. Vorsicht sind Hrsg! Quellen korrigieren

Esch, F.-R.; Gabler Verlag (Hrsg.), Gabler Wirtschaftslexikon, Stichwort: Corporate Communication, online im Internet: http://wirtschaftslexikon.gabler.de/Archiv/82258/corporate-communication-v4.html

eStart, Otto Group Blog. Über dieses Blog. Online: [http://www.ottogroup.com/estarter/uber-dieses-blog/], Abruf 22.10.2011

Facebook.com (2011a). Lufthansa. Online: [http://www.facebook.com/lufthansa?sk=info], Abruf, 02.11.2011

Facebook.com (2011b). Be Lufthansa. Online: [http://www.facebook.com/BeLufthansa?sk=app_304526670555], Abruf, 02.11.2011

Facebook.com (2011c). Be Lufthansa – Einstieg. Online: [http://www.facebook.com/BeLufthansa?sk=app_7146470109], Abruf 02.11.2011

Facebook.com (2011d). Be Lufthansa – Pinnwand. Online: [http://www.facebook.com/BeLufthansa?sk=wall], Aufruf 03.11.2011 & 24.11.2011

Facebook.com (2011f). Be Lufthansa – YouTube. Online: [http://www.facebook.com/BeLufthansa?sk=app_10442206389], Abruf 16.11.2011

Facebook.com (2011g). Krones AG – Info. Online: [http://www.facebook.com/kronesag?sk=info], Abruf 22.11.2011

Facebook.com (2011h). Krones AG. Online: [http://www.facebook.com/kronesag], Abruf 22.11.2011

Facebook.com (2011i). Krones AG – 10.000 Kronesen. Online: [http://www.facebook.com/kronesag?sk=app_175680699182183], Abruf 24.11.2011

Facebook.com (2011j). Krones AG – Kronese Vol II. Online: [http://www.facebook.com/kronesag?sk=app_191193864254706], Abruf 24.11.2011

Facebook.com (2011k). Krones AG – Career. Online: [http://www.facebook.com/kronesag?sk=app_192242370819232], Abruf 24.11.2011

Facebook.com (2011l). Krones AG – Pinnwand. Online: [http://www.facebook.com/kronesag?sk=wall], Abruf 05.12.2011

Facebook.com (2011m). BMW Karriere – Job Channel. Online: [http://www.facebook.com/bmwkarriere?sk=app_136933986379317], Abruf 12.10.2011

Fauth, Th., Müller, K., Straatmann, T. (2011). Einheit von Selbst- und Fremdbild – der Ansatz des identitätsorientierten Employer Branding. In: Wirtschaftspsychologie aktuell, Heft 2

Fink, S., Zerfraß, A., Linke, A. (2011). Social Media Governance Studie 2011. Kompetenzen, Strukturen und Strategien von Unternehmen, Behörden und Non-Profit-Organisationen für die Online-Kommunikation im Social Web. Online: [http://www.ffpr.de/fileadmin/user_upload/PDF-Dokumente/Social_Media_Governance_2011_-_220811_Final.pdf], Abruf 03.11.2011

Fischer, P. (2007a). NaviCard: Die Entwicklung eines ganzheitlichen crossmedialen Konzeptes. Gräfelfing: 4m Werbeagentur

Fischer, P. (2007b). Ebenen der Wirklichkeit. Gräfelfing: 4m Werbeagentur

Forster, A., Erz, A., Jenewein, W. (2009). Employer Branding. Ein konzeptioneller Ansatz zur markenorientierten Mitarbeiterführung. In: Tomczak, T., Esch, F.-R., Kernstock, J., Herrmann, A. Behavioral Branding. Wie Mitarbeiterverhalten die Marke stärkt. 2. Auflage. Wiesbaden: Gabler Verlag, S. 279-294

Frickel, C. (2011). Die wichtigsten Online-Netzwerke. Online: [http://www.focus.de/digital/internet/tid-12646/facebook-twitter-google-netzwerk-fuer-schnelle-news-twitter_aid_630160.html], Abruf 24.10.2011

Gad, Th. (2000). 4D Branding. Cracking the corporate code of the network economy. Stockholm: Bookhouse Publishing AB.

Gaiser, B. (2005). Begriff und Aufgaben der Markenführung. In: B., Gaiser, L., Linxweiler, R., Brucker, V. (Hrsg.), Praxisorientierte Markenführung: Neue Strategien, innovative Instrumente und aktuelle Fallstudien. Wiesbaden: Gabler

Gehrau, V. (2002). Die Beobachtung in der Kommunikationswissenschaft. Konstanz: UVK Verlagsgesellschaft

Gmür, M., Martin, P., Karczinski, D. (2002). Employer Branding – Schlüsselfunktion im strategischen Personalmarketing. In: Personal, Heft 10.

Grothe, M. (2011). Einblick: Social-Media-Analyse und – Monitoring. In: Bernauer, D., Hesse, G., Laick, S., Schmitz, B. (Hrsg.). Social Media im Personalmarketing. Erfolgreich in Netzwerken kommunizieren. Köln: Luchterhand, S. 138-151

Gysel, S., Michelis, D., Schildhauer, T. (2010). Die sozialen Medien des Web 2.0: Strategische und operative Erfolgsfaktoren am Beispiel der Facebook-Kampagne des WWF. In: Michelis, D., Schildhauer, T. (Hrsg.), Social Media Handbuch. Theorien, Methoden, Modelle. Baden-Baden: Nomos Verlagsgesellschaft

Halek, P. (2009). Die Marke lebt! Das All Brand Concept. Die Marke als Kern nachhaltiger Organisationsführung. Wien: Facultas.

Haufe Lexware GmbH & Co. KG (2011). Social Media im Personalmarketing (Teil 1): Soziale Netzwerke richtig nutzen. Online: [http://www.haufe.de/personal/newsDetails?newsID=1320149789.05&d_start:int=2&topic=Personalmanagement&topicView=HR-Management], Abruf 02.11.2011

Hauser, F. (2009). Wahre Schönheit kommt von innen: Der Great Place to Work –Ansatz. In: Trost, A.(Hrsg.), Employer Branding. Arbeitgeber positionieren und präsentieren. Köln: Luchterhand – Wolters Kluwer Deutschland, S. 97-110

Hedemann, F., t3n Hrsg. (2011a). Social Media Monitoring: Die besten Tools 2011. Sysomos Heartbeat Video. Online: [http://t3n.de/news/social-media-monitoring-besten-tools-2011-320713/], Abruf, 05.11.2011

Hedemann, F., t3n Hrsg. (2011b). Social Media Monitoring: Die besten Tools 2011. Radian6 Overview. Online: [http://t3n.de/news/social-media-monitoring-besten-tools-2011-320713/], Abruf, 05.11.2011

Hesse, G. (2011). Einsatz von Videos bei der Bertelsmann AG. In: Bernauer, D., Hesse, G., Laick, S., Schmitz, B. (Hrsg.). Social Media im Personalmarketing. Erfolgreich in Netzwerken kommunizieren. Köln: Luchterhand, S. 86-87

Hettler, U. (2010). Social Media Marketing. Marketing mit Blogs, Sozialen Netzwerken und weiteren Anwendungen des Wen 2.0. München: Oldenbourg Verlag

Homburg, Ch., Krohmer Harley (2009). Marketingmanagement. Strategie – Instrumente – Umsetzung – Unternehmensführung. 3. Auflage. Wiesbaden: Gabler.

Hurrle, T. (2011). So spannend ist B2B: Erfolgreiches Storytelling im Social Web bei der Krones AG. Online: [http://lingner.com/zukunftskommunikation/so-spannend-ist-b2b-erfolgreiches-storytelling-im-social-web-bei-der-krones-ag], Abruf 02.12.11

Hurrle, T. (2011). Deutsche Facebook-Karriereseiten – Mehr Nutzeraktivitäten als bei Lady Gaga? Online: [http://lingner.com/zukunftskommunikation/facebook-karriereseiten-ihre-engagement-rates-und-der-people-talking-index], Abruf 05.11.2011

Internetworld.de (2011). Monster startet Facebook-App BeKnown. Berufliche Kontakte im sozialen Netzwerk knüpfen. Online: [http://www.internetworld.de/Nachrichten/Medien/Social-Media/Monster-startet-Facebook-App-BeKnown-Berufliche-Kontakte-im-sozialen-Netzwerk-knuepfen], Abruf 11.11.2011

Kärcher, T. (2011). Die Top 100 Unternehmen im Web 2.0 – Status Quo 2011. Online: [http://www.wollmilchsau.de/die-top-100-unternehmen-im-web-2-0-status-quo-2011/], Abruf 12.05.2011

Kästner, T (2010). Service Employer Branding in Sozialen Netzwerken. Publikationsreihe des Bundesverbandes der Personalmanager. Online: [http://www.bpm.de/files/servicebrochueren/service_2.pdf], Abruf 01.11.2011

Kerpen, Ph. (2007). Internes Marketing und Unternehmenskultur. Analyse der Interdependenzen unter marktorientierten Gesichtspunkten. Hamburg: Diplomica

Kienbaum Consultants International Gmbh, (2010). Kienbaum-Studie: Unternehmenskultur 2009/2010 – Rolle und Bedeutung. Online: [http://www.kienbaum.de/desktopdefault.aspx/tabid-502/650_read-6472/], Abruf 13.08.2011

Kirchhoff, K. R. (2009). Grundlagen der IR. In: K. R. Kirchhoff, M. Piwinger (Hrsg.), Praxishandbuch Investor Relations. Das Standardwerk der Finanzkommunikation, 2. Auflage. Wiesbaden: Gabler.

Kleinhückelskoten, H.-D., Schnetkamp, G. (1989). Erfolgsfaktoren für Marketingstrategien. In: Manfred Bruhn (Hrsg.), Handbuch des Marketing. München: C. H. Beck'sche Verlagsbuchhandlung, S. 257-276

Knabenreich, H. (2011). Facebook Karriere-Pages? Kenn' ich nicht, klingt aber interessant! Online: [http://personalmarketing2null.wordpress.com/2011/05/12/facebook-karriere-pages-kenn-ich-nicht-klingt-aber-interessant/], Abruf 13.10.2011

Kolb, M. (2008). Personalmanagement. Grundlagen –Konzepte-Praxis. Wiesbaden: Gabler.

Kollak, S. (2011). Interview mit Social Media Verantwortlichem der Krones AG. Online: [http://conception-blog.com/interview-mit-social-media-verantwortlichem-der-krones-ag/2011/], Abruf 25.11.2011

Kollmann, T. (2007). Online-Marketing. Grundlagen der Absatzpolitik in der Net Economy. Stuttgart: Kohlhammer Verlag

Koppelmann, U. (2001). Produktmarketing. Entscheidungsgrundlagen für Produktmanager. 6. Auflage. Berlin: Springer-Verlag.

Kriegler, R. (2009). Die Ebenen und Handlungsfelder im Employer Branding Prozess. In: Bundesverband der Personalmanager e. V. (Hrsg.), Service Employer Branding Kompakt. Berlin: Bundesverband der Personalmanager e. V.

Kriegler, R. (2011). Stolperfallen auf dem Weg zur Arbeitgebermarke. Online: [http://www.employerbranding.org/ebj_lp_8_1.php], Abruf 01.11.2011

Kroeber-Riel, W., Weinberg, P. (2003). Konsumentenverhalten. 8. Auflage. München: Verlag Franz Vahlen

Krones AG (2011a). Unternehmen. Online: [http://www.krones.com/de/unternehmen.htm], Abruf 22.11.2011

Krones AG (2011b). Karriere. Online: [http://www.krones.com/de/karriere.htm], Abruf 22.11.2011

Krones AG (2011c). Magazin – Newsroom. Online: [http://magazine.krones.com/de/newsroom], Abruf 22.11.2011

Krones AG (2011d). Social Media. Online: [http://www.krones.com/downloads/social_media_d.pdf], Abruf 02.12.2011

Kronesstudents (2010). Über uns. Online: [http://kronesstudents.wordpress.com/about/], Abruf 03.12.2011

Krüger, D. (2009). Lufthansa: Mit Employer Branding die Richtigen finden. In: Tomczak, T., Esch, F.-R., Kernstock, J., Herrmann, A. Behavioral Branding. Wie Mitarbeiterverhalten die Marke stärkt. 2. Auflage. Wiesbaden: Gabler Verlag, S. 317-332

Kununu GmbH (2011). Arbeitnehmer bewerten Arbeitgeber. Online: [http://www.kununu.com/], Abruf 02.10.2011

Kürn, H.-C. (2009). Kandidaten dort abholen wo sie sind: Wie Web 2.0 das Recruiting und Personalmarketing verändert. In: Trost, A. (Hrsg.), Employer Branding. Arbeitgeber positionieren und präsentieren. Köln: Luchterhand

Labonde, S. (2009). Aufbau der globalen Arbeitgebermarken SAP und SAP-Ecosystem. In: A., Trost (Hrsg.), Employer Branding. Arbeitgeber positionieren und präsentieren. Köln: Luchterhand – Wolters Kluwer Deutschland, S. 294-305

Laurin, C. (2011). Employer Branding und Recruiting bei der Krones AG. Online: [http://www.slideshare.net/mobile/bwcon/employer-branding-und-recruiting-bei-der-krones-ag-christian-laurin-lingner-consulting-new-media], Abruf 22.11.2011

Linxweiler, R (2001). Controlling, auf die Marke konzentriert. Online: [http://www.dachmarke.de/brandscorecard.html], Aufruf 28.09.2011

McFarland, K. (2005). A Company's Long Road to Greatness. Online: [http://www.businessweek.com/smallbiz/content/feb2005/sb20050216_3300_sb037.htm], Abruf 13.12.2011

McKenna, E. (2000). Business Psychology and Organisational Behaviour. Third Edition. Hove: Psychology Press Ltd.

Meffert, H., Burmann, Ch., Koers, M. (2002). Stellenwert und Gegenstand des Markenmanagement. In: Meffert, M., Burmann, Ch., Koers, M. (Hrsg.), Markenmanagement: Identitätsorientierte Markenführung und praktische Umsetzung. Mit Best-Practice Fallstudien, Wiesbaden: Gabler.

Meffert, H., Burmann, Ch., Koers, M. (2005). Stellenwert und Gegenstand des Markenmanagement. In: Meffert, M., Burmann, Ch., Koers, M. (Hrsg.), Markenmanagement: Identitätsorientierte Markenführung und praktische Umsetzung. Mit Best-Practice Fallstudien, 2. Auflage, Wiesbaden: Gabler.

Meffert, H., Burmann, Ch., Kirchgeorg, M. (2008). Marketing. Grundlagen marktorientierter Unternehmensführung. Konzepte – Instrumente – Praxisbeispiele. 10. Auflage. Wiesbaden: Gabler.

Meifert, M., Leitl, M., Sackmann,S.; Kienbaum Management Consultants GmbH, Havard Business Manager, Sackmann, S. (Hrsg) (2011). Unternehmenskultur. Ihre Rolle und Bedeutung – Studie 2011.

Merholz, A, Albert, A. (2011). Facebook-Republik Deutschland. Online: [http://www.bild.de/digital/internet/facebook/republik-deutschland-19510918.bild.html], Abruf 12.10.2011

Messerschmidt, C., Berger, S., Skiera, B. (2010). Web 2.0 im Retail Banking: Einsatzmöglichkeiten, Praxisbeispiele und empirische Nutzeranalyse. Wiesbaden: Gabler Verlag.

Meyer, C. (2011). Always Happy Landings. Online: [http://blog.c-photography.de/], Abruf 21.11.2011

Michels, E., Handfield-Jones, H., Axelrod, B. (2001). The war for talent. Boston: Havard Business School Press.

Möhlenbruch, D., Dölling, S., Ritschel, R. (2008): Web 2.0-Anwendungen im Kundenbindungsmanagement des M-Commerce. In: Bauer, H., Dirks, T., Bryant, M. (Hrsg.). Erfolgsfaktoren des Mobile Marketing, Berlin: Springer Verlag, S. 221-240.

Monster Worldwide Deutschland GmbH (Hrsg.), Kästner, T., Weitzel, T. et al. (2011). Recruiting Trends 2011. Online: [http://media.monster.com/dege/b2b_pdf/Studien/recruiting_trends.pdf], Abruf 15.07.2011

Moroko, L., Uncles, D., M. (2008). Characteristics of successful employer brands. Brand Management. Vol. 16, No. 3, S.160-175

Moser, K., Döring, K. (2008). Modelle und Evaluation der Werbewirkung. In: Batinic, B, Appel, M. (Hrsg.), Medienpsychologie. Heidelberg: Springer Medizin Verlag

Mosley, R. (2007). Customer experience, organisational culture and the employer brand. In: Brand Management, vol. 15, NO.2, S. 123-134

Nagel, K. (2011). Employer Branding. Starke Arbeitgebermarken jenseits von Marketingphrasen und Werbetechniken. Wien: Linde Verlag

Nerdinger, F., Blickle, G., Schaper, N. (2008). Arbeits- und Organisationspsychologie. Heidelberg: Springer Medizin Verlag

Neumann, P. (2003). Markt- und Werbepsychologie. Praxis. Wahrnehmung - Lernen - Aktivierung – Image - Positionierung - Verhaltensbeeinflussung - Messmethoden. 2. Auflage. Gräfelfing: Fachverlag Wirtschaftspsychologie

Oettinger, A., Böttger, P. (2009). Automotive Supplier Industry. In Bayern ganz oben: Eine Initiative führender Automobilzulieferer in Nordbayern. In: A. Trost (Hrsg.), Employer Branding. Arbeitgeber positionieren und präsentieren. Köln: Wolters Kluwer Deutschland GmbH, S.271 – 282

O'Reilly, T. (2005). What is Web 2.0. Online: [http://oreilly.com/web2/archive/what-is-web-20.html], Abruf 03.11.2011

Oßwald, S. (2010). Social Media Monitoring. In: Schüller, A. Schwarz, T. (Hrsg.), Leitfaden WOM Marketing. Die neue Empfehlungsgesllschaft. Waghäusel: marketing-BÖRSE GmbH, S. 389-396

Pepping, M. (2010). Flugverbot: Airlines frustrieren Kunden mit schwacher Krisenkommunikation im Social Web. Online: [http://www.marketing-boerse.de/Fachartikel/details/Flugverbot-Airlines-frustrieren-Kunden-mit-schwacher-Krisenkommunikation-im-Social-Web], Abruf 20.11.2011

Petkovic, M. (2008). Employer Branding. Ein markenpolitischer Ansatz zur Schaffung von Präferenzen bei der Arbeitgeberwahl. 2. Auflage. München: Rainer Hampp

Petkovic, M (2009). Wissenschaftliche Aspekte zum Employer Branding. In: Armin Trost (Hrsg.), Employer Branding. Arbeitgeber positionieren und präsentieren. Köln: Wolters Kluwer Deutschland GmbH, S. 78 – 96

Petry, T., Schreckenbach, F. (2011). Studie zur Wirkung von Social Media im Personalmarketing. Online: [http://www.slideshare.net/embrander/110926-personalmarketing-studie-2011-ergebnisbericht], Abruf 03.11.2011

Pett, J., Kriegler, W. (2007). Ein Leuchtfeuer entzünden und andere überstrahlen. In: Personalwirtschaft, Heft 5, S. 19-22

Piekenbrock, D., Gabler Verlag (Hrsg.) (2010). Gabler Wirtschaftslexikon - Stichwort: Präferenz. Online: [http://wirtschaftslexikon.gabler.de/Archiv/55419/praeferenz-v3.html], Abruf 20.08.2011

Quadriga Hochschule Berlin GmbH, Magazin Human Resources Manager (Hrsg.) (2011). Ergebnisse der Umfrage. 6 Thesen zum Fachkräftemangel in Deutschland. Online: [http://www.fachkraeftemanagement.de/umfrage/], Abruf 12.11.2011

Quenzler, A. (2009). Audi AG- Strategisches Employer Branding. In: Trost, A. (Hrsg.), Employer Branding. Arbeitgeber positionieren und präsentieren. Köln: Wolters Kluwer Deutschland GmbH, S. 191-207

Riedmüller, F., Höld, A. (2008). Identitätsorientierte Markenkommunikation am Beispiel adidas. In: Hermanns, A., Ringle, T., van Overloop, P. (Hrsg.), Handbuch Markenkommunikation. München: Verlag Franz Vahlen.

Rosenstiel, L. v., Neumann, P. (2002). Marktpsychologie. Handbuch für Studium und Praxis. Darmstadt: Wissenschaftliche Buchgesellschaft.

Rosenstiel, L. v., Molt, W., Rüttinger, B. (2005). Organisationspsychologie. In: M. Salisch, H. Selg, D. Ulrich (Hrsg.), Grundriss der Psychologie, Band 22, 9. Auflage. Stuttgart: W. Kohlhammer

Rusin-Rohrig, J., Lake, S. (2011). Hohe Erwartungen, wenig Messbares. In: Personalwirtschaft, Heft 5, S. 46 - 47

Sandler, Guido, (1989). Bedingungen für erfolgreiche Markenstrategien im Verbrauchsgüterbereich. In: Manfred Bruhn (Hrsg.), Handbuch des Marketing. München: C. H. Beck'sche Verlagsbuchhandlung

Scheier, Ch., Held, D. (2008). Wie Werbung wirkt. Erkenntnisse des Neuromarketing. Planegg: Haufe.

Schein, E. H. (1985). Organizational Culture and Leadership. San Francisco: Jossey –Bass

Schmollgruber, K. (2010). Lufthansa & der Pilotenstreich oder Krisenkommunikation per Twitter. Online: [http://fastenyourseatbelts.at/2010/02/krisenkommunikation-per-twitter-lufthansa-der-pilotenstreik.html], Abruf 20.11.2011

Schöler, A. (2010). Negative Mundpropaganda durch Beschwerden. In: Schüller, A. Schwarz, T. (Hrsg.), Leitfaden WOM Marketing. Die neue Empfehlungsgesllschaft. Waghäusel: marketing-BÖRSE GmbH, S. 375-388

Schuhmacher, F., Geschwill, R. (2009). Employer Branding. Human Resources Management für die Unternehmensführung. Wiesbaden: Gabler.

Schwarting, A. (2011). Social Media im Mittelstand – die Krones AG zeigt wie. Online: [http://www.personalmarketingblog.de/social-media-im-mittelstand-%E2%80%93-die-krones-ag-zeigt-wie], Abruf 22.11.2011

Siemann, C. (2008). Attraktive Schätze ans Licht bringen. In: Personalwirtschaft, Sonderheft 8; S. 4-7

Siemann, C. (2011). Versuch macht klug. In: Personalwirtschaft, Sonderheft 11, S. 6-11

Sjurts, I. (2011). Gabler Lexikon Medienwirtschaft. 2. Auflage. Wiesbaden: Gabler.

Software Initiative Deutschland e. V, Fraunhofer FIT, Hochschule Bonn- Rhein-Sieg (2010). SID-FIT Social Media Report 2010/2011. Aktuelle Untersuchung der Nutzung von Social Media im Beruf. Online: [http://www.softwareinitiative.de/studien/SID-FITSocialMediaReport20102011.pdf], Abruf 03.11.2011

Strutz, H. (1992). Alter Wein in neuen Schläuchen? In: Strutz, H. (Hrsg.), Strategien des Personalmarketings. Was erfolgreiche Unternehmen besser machen. Wiesbaden: Gabler.

Süß, M. (1996). Externes Personalmarketing für Unternehmen mit geringer Branchenattraktivität. München: Rainer Hampp

Sutherland, M., Torricelli, D., Karg, R. (2002). Employer-of-choice branding for knowledge workers. In: South African Journal of Business Management, 33 (4)

Textberater.com (2010). Nestlé: Weltkonzern scheitert an Social Media. Online: [http://www.textberater.com/news/nestle-weltkonzern-scheitert-an-social-media-gesetzen/], Abruf 09.11.2011

Towers Watson GmbH (2010). Mitarbeiterbedürfbisse adressieren. Online: [http://www.towerswatson.com/germany/research/3202], Abruf 12.11.2011

Trommsdorff, V. (2009). Konsumentenverhalten. 7. Auflage. Stuttgart: Kohlhammer Verlag

Twitter.com (k. A.). Über uns. Online: [http://twitter.com/about], Abruf 24.10.2011

Twitter.com Be Lufthansa (2010). Be Lufthansa. Online: [http://twitter.com/#!/BeLufthansa], Abruf 15.11.2011

Twitter.com Krones AG (2011). Krones AG. Online: [http://twitter.com/#!/KronesAG], Abruf 23.11.2011

Vershofen, W. (1959). Die Marktentnahme als Kernstück der Wirtschaftsforschung. Berlin: C. Heymann Verlag

Völke, U., Faber, D. (2008). Ohne Controlling keine Effinzienz. In. Sonderheft Employer Branding – Personalwirtschaft, Heft 8

Weiland, H. (2010). Referenzen – der Zaubertrank des Marketings. In: Schüller, A. Schwarz, T. (Hrsg.), Leitfaden WOM Marketing. Die neue Empfehlungsgesllschaft. Waghäusel: marketing-BÖRSE GmbH, S. 338-351

Weinberg, T. (2010). Social Media Marketing. Strategien für Twitter, Facebook & Co. Köln: O' Reilly. (Deutsche Übersetzung von Heymann-Reder, D.)!

Weis, M., Huber, F. (2000). Der Wert der Markenpersönlichkeit: Das Phänomen der strategischen Positionierung von Marken. Wiesbaden: Deutscher Universitäts-Verlag

Werle, K. (2011). Arbeitgeber-Ranking. Audi ist Favorit bei Studenten. Online: [http://www.spiegel.de/karriere/berufsstart/0,1518,757076,00.html], Abruf 02.11.2011

Wiese, D. (2005). Employer Branding. Arbeitgebermarken erfolgreich aufbauen. Saarbrücken: VDM Verlag

Wiese, J. (2011). Facebook Nutzerzahlen 2011. Online: [http://allfacebook.de/zahlen_fakten/facebook-nutzerzahlen-2011], Abruf 13.10.2011, Hrsg. Allfacebook

Wingenter, T. (2010). Social-Media-Marketing der Lufthansa. Online: [http://www.youtube.com/watch?v=wT9Y-2EkLCQ], Abruf 02.11. 2011

XING AG (2011a). XING ist das soziale Netzwerk für berufliche Kontakte. Online: [http://corporate.xing.com/no_cache/deutsch/unternehmen/xing-ag/], Abruf 10.10.2011

XING AG (2011b). Das passende Profil für ihr Unternehmen. Online: [https://www.xing.com/companies/contract/select_package], Abruf 10.10.2011

XING AG (2011c). Downloads. Machen Sie auf Ihr Profil aufmerksam und erweitern Sie Ihr Netzwerk! Online: [https://www.xing.com/app/user?op=downloads;tab=logos], Abruf 02.11.2011

XING Deutsche Lufthansa AG (2011a). Neuigkeiten. Online: [https://www.xing.com/companies/deutschelufthansaag/updates], Abruf 15.11.2011

XING Deutsche Lufthansa AG (2011b). Über uns. Online: [https://www.xing.com/companies/deutschelufthansaag/about], Abruf 24.11.2011

XING Krones AG (2011c). Über uns. Online: [http://www.xing.com/companies/kronesag/about], Abruf 23.11.2011

XING Krones AG (2011d). Kontakt. Online: [https://www.xing.com/companies/kronesag/contacts], Abruf 26.11.2011

YouTube (2011a). Erste Schritte. Online:[http://www.youtube.com/t/about_getting_started], Abruf 13.10.2011

YouTube (2011b). Wichtige Infos zu YouTube. Online: [http://www.youtube.com/t/about_essentials], Abruf 13.10.2011

YouTube (2011c). Lufthansa Brand Channel 2011. Online: [http://www.youtube.com/lufthansa#p/u/8/9MZXR8pMYaE], Abruf 20.11.2011

YouTube (2011d). Suchergebnisse für Be Lufthansa. Online: [http://www.youtube.com/results?search_query=be+lufthansa+&oq=be+lufthansa+&aq=f&aqi=&aql=&gs_sm=e&gs_upl=14716l15627l0l16023l6l6l0l0l0l1l225l987l1.3.2l6l0], Abruf 20.11.2011

YouTube (2011e). KronesTV. Online: [http://www.youtube.com/kronestv], Abruf 23.1.2011

YouTube (2011f). Ausbildungsstart bei der Krones AG: Teil 9. Online: [http://www.youtube.com/watch?v=2A_ZhJHDz38&feature=plcp&context=C274c2UDO EgsToPDskIwTGMDPmCVX8EB5Jm0HCB5], Abruf 25.11.2011

YouTube (2011g). You are Krones - Tips for using social media. Online: [http://www.youtube.com/watch?v=89ePqSpRtC0&feature=plcp&context=C29850UDO EgsToPDskKEPS4VGoLmAWl7HYGSYGjS], Abruf 02.12.2011

Zaugg, R. (2002). Mit Profil am Arbeitsmarkt agieren. Personalwirtschaft, Heft 2, S. 13-18

Zugehör, R. (2009). Im Rampenlicht: Webvideos als Instrument der Personalrekrutierung. In: Trost, A. (Hrsg.), Employer Branding. Arbeitgeber positionieren und präsentieren. Köln: Wolters Kluwer Deutschland GmbH , S. 170 - 178